the secrets of colors

by junichi nomura

色の秘密

野村順一

最新色彩学入門

PLUS

幼児と成人の色彩嗜好のパターン

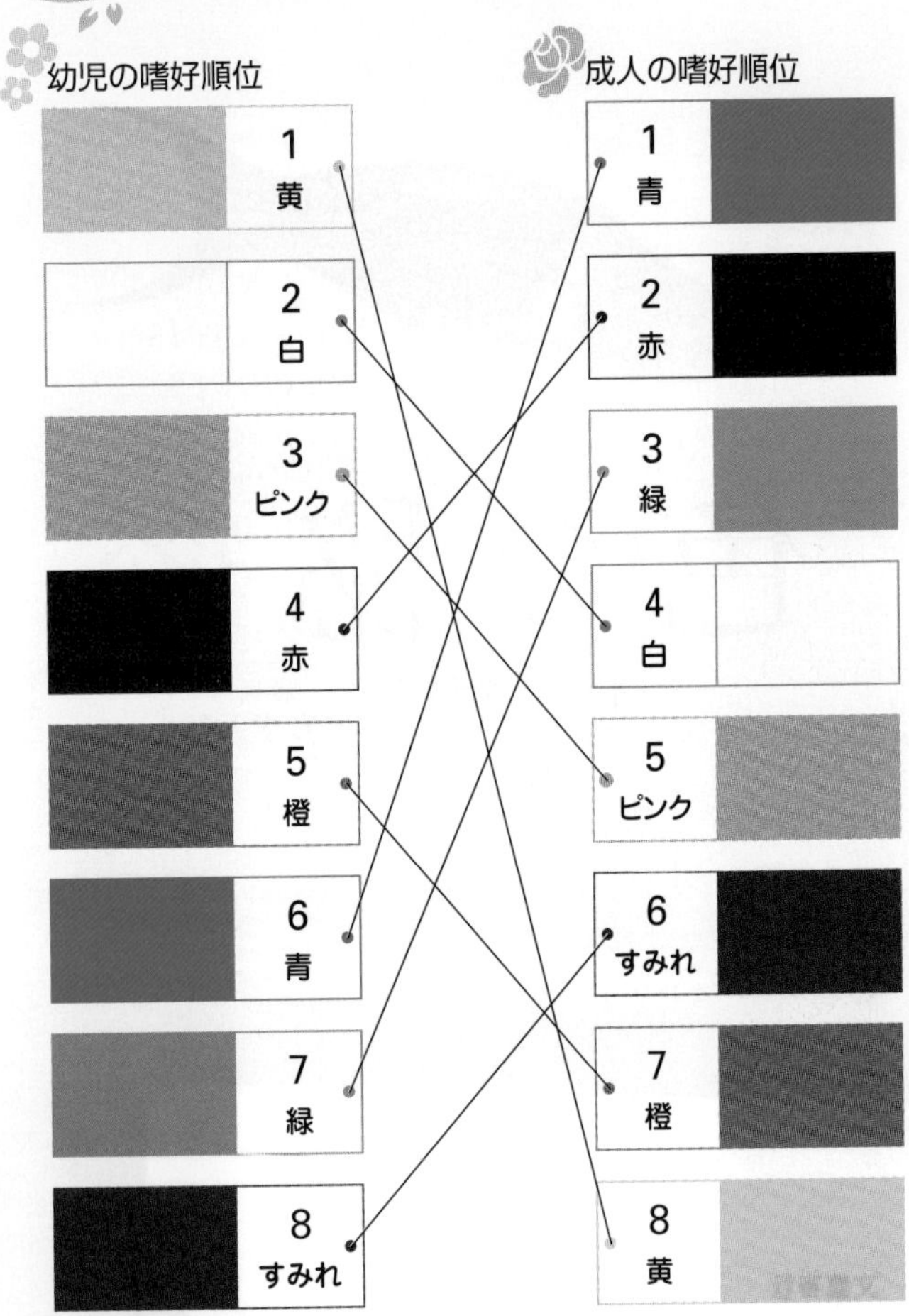

P2～P15の図表のカラーチャートはJIS規格による

好きな色で異性との相性が分かる

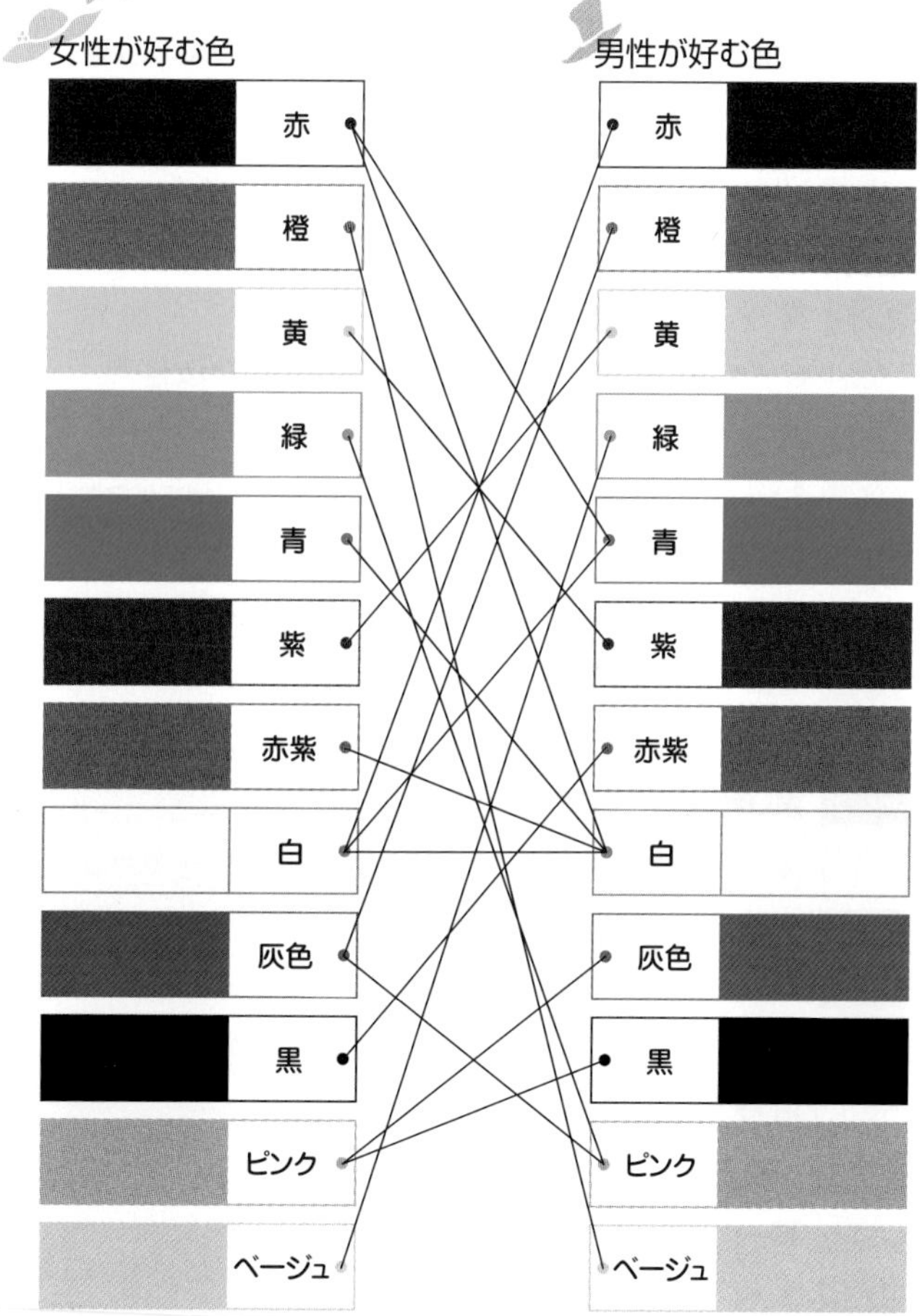

男性が自分の好む色で分かる理想の女性像

男性が好む色 → その男性にとって最高のパートナーとなる女性

赤 → 活発で感じやすい女性

ピンク → 母親のようなタイプ、または令嬢タイプ

マルーン → 楽しみごとが好きで、まじめすぎない女性

橙 → 自分で動機づけする、独立した女性

ピーチ → 思いやりがあって、社交的なタイプの女性

黄 → 社交的で、話好きな女性

ミントグリーン → 理想主義者で、ほっとした気持ちになれる人

アプルグリーン → 挑発的でつねに新しいタイプの女性

緑 → 健康を気遣い、心身を癒してくれるタイプの女性

青緑 → 精神的に奮い立たせてくれるパートナー

明るい青 → 芸術家ないし創作活動のパートナー

濃い青 → 女性経営者

藤 → 直観力があり、つねに精神的なパートナーになれる人

紫 → 感性が豊かで、高貴な女性

茶 → 堅実で、支援し、助けになるパートナー

黒 → 自力本願が過剰で、パートナーはいらない

白 → 独立したさびしい女性

灰色 → おとなしく服従し、あっさりした女性

銀 → ロマンチックで信頼に値する友人

金 → 自分で目的を達成し、成功した女性

女性が自分の好む色で分かる理想の男性像

女性が好む色 → その女性にとって最高のパートナーとなる男性

- 赤 → 人柄・性格・思想が現実的で、地に足のついた男性
- ピンク → 父親タイプ、または子どもじみた恋人
- マルーン → 勝手で気ままな人柄であるが、楽しさのある恋人
- 橙 → 企画・主催者、建設担当者、動機づける人、仕事のパートナー
- ピーチ → いつも親切に気遣ってくれる優しい男性
- 黄 → 仲のよい友人、信頼のおける相談相手
- ミントグリーン → 治療専門家、開業医
- アプルグリーン → つねに新しいパートナー
- 緑 → 医療のパートナー、人道主義的な男性
- 青緑 → 独立して精神的に激励する男性
- 明るい青 → 芸術家、創作活動のパートナー
- 濃い青 → 仕事、経営のパートナー
- 藤 → あなたの感性に敏感なタイプの男性
- 紫 → 牧師など、精神的パートナー
- 茶 → 堅実で、あなたを支援し、守ってくれる男性
- 黒 → 自力本願だからパートナーはいらない
- 白 → 一匹狼だからパートナーはいらない
- 灰色 → あなたを支援し、おとなしく服従する男性
- 銀 → 騎士のような男性
- 金 → 銀行家など、富裕な男性

好きな色で分かる人柄と適職（男性）

好きな色と人柄の特徴↓	職業傾向↓
赤 身体的にも精神的にも「まさしく人間的」。強烈なキャラクターの持ち主で活発な行動派、国際派であり指導的役割を担って、つねに啓蒙的な仕事をやりとげる。血圧は高い。	マスコミの仕事、実業家、政治家、指導者。
橙 お人よしで、はしゃぎ屋、元気旺盛で、時に度を越すことがある。人好きなタイプで、愛想をふりまき、おしゃべりである。	スポーツ選手、建築家、デザイナー、落語家、喜劇俳優。
黄 優れたビジネス頭脳があり、知性的。ユーモアセンスも備えた明るい性格の持ち主。天真爛漫で周囲の人びとを陽気にする。	営業マン、喜劇俳優、漫才師、カウンセラー、コンサルタント。
緑 出しゃばらないで、謙遜家である。ひかえめでしんぼう強い。洗練された趣味を持ち、育ちもよく、礼儀正しい。	医者、科学者、文学者、詩人、旅行家、教育者、無口な行動派のレジャー・スポーツ愛好家。
青 抜群の経営手腕があり、手がけた仕事は必ず成功させる。人脈づくりがうまい。深謀遠慮を身につけ、果敢な行動力を発揮する。血圧は低い。強い性的衝動を持つが、理性的に抑制する。	企業経営者、実業家、知的職業人、教育者、政治家、芸術家、ビジネスマンのエリート。
紫 気むずかしく感性豊かな人柄。〝人とは違っていたい〟と強く願う。個性が強い芸術家タイプ。文化に興味を持ち理想論者。威厳を保つことに熱心で、高い地位にあこがれる。	歌舞伎役者、琴・三味線・日本舞踊・能楽など邦楽関係の芸術家、友禅などの日本的図案家、日本画家、華道・茶道の家元。

赤紫 直観力に優れ、感性もとぎすまされている。宗教的、一途に一つのことに執着する。個性がユニークで他をひきはなす。崇高さを求める芸術家タイプ。	洋楽関連の音楽家、画家、デザイナー（とくに服飾デザイナー）、牧師、神学者、哲学者。
白 完全主義を貫く、純粋な精神を尊重。健康な心と体の持ち主。所属する世界で一番先端を走ることが生きがい。	実業家、一匹狼、カリスマ的経営者、学者、料理家、シェフ、板前。
黒 きわめて男性的で積極的行動力があり、お山の大将にならないと気がすまない。礼儀作法は正しく、義理人情にあつい。つねに強烈な権威を備えている。	その道の大家、学問の権威者、デザイナー、作家、独裁者。
灰色 まじめな考え方に徹し、つねにバランスを保つ。道理をわきまえ控えめに役に立ちたいというタイプ。かくれた経営能力は高く評価される。万人に愛される人物。	企業経営者（しばしば経営陣の一人）、知的職業人、優れたビジネスマン。
ピンク 他人に対して責任をとる。人を助け活気づけ、気くばりと負担をいとわない。優しさでは人後におちない。女性以上の優しさを発揮。	教育者、料理家、美容家、裁縫師、デザイナー、舞踊家。
ベージュ はにかみ屋だが、暖かい心の持ち主。家庭的で円満な人物。いつも敗者を助けようとする。不屈で頼もしく、堅実な人柄。粋な趣味を誇りとする。	医者、学者、園芸家、陶芸家、農園や果樹園の経営者、オペレーター、板前、シェフ、熟練工、卸・小売業者、侘び・寂の芸術家。

好きな色で分かる人柄と適職（女性）

好きな色と人柄の特徴 ↓	職業傾向 ↓
赤 つねに主役を演ずる。女性の中の女性で、平均的男性では満足しない。気位がめっぽう高く手がつけられない。すばやく感情的に反応する。	経営者、建築家、音楽家、舞踊家、政治家、家元。
橙 暖かい心の持ち主で、誰にも愛される人柄、つねに微笑が絶えない。少々、おっちょこちょいで陽気なムード。お人よしで群居性があり社交的、ひとりぼっちを好まない。	建築家、デザイナー、エンジニア、スポーツ選手、未婚のキャリアウーマン。
黄 太陽のように明るく、しかも抜け目がない。話好きで豊かな表現力に富み、社交的で強烈なユーモアセンスがある。健康な日々をエンジョイし、知識欲が抜群で、行動が先行する。	営業担当者、コンサルタント、カウンセラー、スポーツ愛好者、ダンサー、クリエイティブの経営者、ブティック経営者、流通業者。
緑 上品で誠実な人柄、うまいものなら遠くまで出かけていくから少々太りぎみ。礼儀正しく紋切り型であるが、かなり社交的で群居性もある。都会的生活より田園的生活にあこがれる。	教育者、医者、科学者。
青 どのように金もうけするかをよく知っている。つねに冷静で献身的行為がみられ、思慮深い。独立独歩の自力本願。	経営者、教育者、知的職業人（弁護士など）。
紫 並はずれた天賦の才に恵まれ、下劣な局面を注意深く避けて通る。人柄は神秘的な魅力をかもし出す。	舞踊家、芸術家、音楽家、哲学者、インテリア・コーディネーター、カラー・アナリスト、邦楽家、日本舞踊家など。

赤紫 直観力があり、感性豊かな人柄。才気煥発《かんぱつ》タイプで、気高くプリンセスとしての気品を備える。	オペラのプリマドンナ、声楽家、バレエの主役、ピアニストなど楽器のソリスト、画家。
白 気高く高貴な人柄で、円熟さにはほど遠くても、つねに完全さを求め、不可能な理想を抱きつづける。生活と仕事をテキパキこなし、経営を成功させ、いいかげんな男性をよせつけないで威光に輝いている。	国際派、家元、名取り、航空機の操縦、ヨット（小型船）の操舵、乗馬、実業家、政治家、美容家。
黒 神秘的に人の目にうつることを願う。意志が強固で独立心に燃えている。心身ともに若く情熱を抑えている。希望や夢がいっぱいで一つにしぼることができない。	学問の権威者、アイドルタレント、デザイナー、その道の大家、スポーツ選手。
灰色 洗練された趣味を楽しみ、控えめで奥ゆかしい。バランスを保つことに優れていて、経営能力もある。	共同経営者、秘書、弁護士、公認会計士、税理士、教育者、牧師、文学者。
ピンク 愛情や感情にかけては人一倍優しい。パステル調のピンクは柔和で上品、濃いピンクは熱烈で強力な人柄。感情で友達を押しのけたりしないで、むしろ傷つきやすいタイプ。頭のテッペンからツマサキまで女性らしさでいっぱい。未知数の魅力で、本能的に男性を「男」にする。	教育者、華道・茶道の家元、舞踊家、琴・三味線の師匠、グラフィック・デザイナー、ファッション・デザイナー、作家。
ベージュ 堅実で信用がある。スタミナも忍耐力も抜群。感情に走ることなく誠実で保守的。上司に信頼される。責任感が強く、母性本能があり、ビジネスでも業績優秀。チームワークをつくり出す特技がある。	保母、看護師、医師、学者、園芸家、陶芸家、テキスタイル・デザイナー、プランナー。

カラー・コミュニケーション

服などの色 ↓	その主たるメッセージ ↓
color: 赤	message: 私を見て下さい！　心身ともに元気です。
color: ピンク	message: 愛したい！　愛されたい！　人の世話をしたい。
color: マルーン	message: 遊びたい！　おもしろいことないかなあ。
color: 橙	message: 心の準備も大丈夫！　目標を達成したい。
color: ピーチ	message: 寛大で親切ですよ！　お役に立ちたい。
color: 黄	message: コミュニケートしましょう！　参加したい。
color: ミントグリーン	message: 私は実践的で落ち着いています。自分の生活を調和させたい。
color: アプルグリーン	message: 挑戦が好きです。差をつけたい。
color: 緑	message: 病気や貧困を相談して下さい。お役に立ちたい。
color: 青緑	message: 私はいつも楽天家！　他人を信頼します。

color: 明るい青	message: 私は分析力があります。どのように創作したか見せて下さい。
color: 濃い青	message: 私は長たる人物ないし意思決定者になりたい。
color: 藤	message: 私は非常に直観力がありますが、いつも励ましが必要です。
color: 赤紫	message: 私は感情を素直に表します。私がどれほど偉大か他人に認めてもらいたいのです。
color: 茶	message: 私の手を見て下さい。私はよく働き自分の仕事が好きです。
color: 黒	message: 何をするか命令しないで！　私が一番分かっています。
color: 白	message: 自分だけで生きたい！　人ごみの中でも、私の宇宙が欲しい。
color: 灰色	message: 言っていることは分かります。けれどかかわりたくない。
color: 銀	message: 私はロマンチックです。自分が優れていると思いたい。
color: 金	message: 私は金も権力もあらゆるものが欲しい。それでトップに君臨したい。

自分色とその人物像

服などの色とその主たるメッセージ

color	message	color	message
赤	活動的	明るい青	創造的
ピンク	愛にあふれた	濃い青	知能的
マルーン	感情的	藤	直観的
橙	良心的	赤紫	感じやすい
ピーチ	寛大	茶	扶養力がある
黄	コミュニケーション的	黒	他人に対して保護的
ミントグリーン	理想主義的	白	個性的
アプルグリーン	革新的	灰色	消極的
緑	慈悲深い	銀	名誉ある
青緑	楽天的	金	物質的

効果的なカラーによる意思表示

服などの色 ↓	……したい時に着る ↓
color: 赤	ロマンチックな関係を生み出す。 体の持久力の回復。 大きな力を表現。 人ごみに立つ。
color: ピンク	ストレスから自分自身を解放。 女らしさを活気づける。 他人に対する責任を鼓舞。 意識をリラックスさせ、自分の愛情を見つめる。
color: マルーン	何かおもしろいことで自分に報いる。 官能的関係を刺激する。 外からのストレスを受け流す。 活力のない人から自分を守る。
color: 橙	自分の時間とエネルギーを準備する。 自分自身を動機づける。 望ましい成果をもたらす。 自分のスタミナを守る。
color: ピーチ	慈悲深い行為を高揚させる。 自分のエネルギーレベルを維持する。 愛を行為で示す。好機を励ます。 自分と自分の腕前を売り出す。
color: 黄	自分のコミュニケーション手腕を高揚させる。 意気消沈を中止させるか防止する。 自分の欲望を刺激する。 自分と自分の腕前を売り出す。

効果的なカラーによる意思表示のつづき

color: ミントグリーン	自分の感情をなだめる。 自分の体を癒す。 外からの消耗を低減する。 ロマンチックな夢を奨励する。
color: アプルグリーン	自分の欲望をよみがえらせる。 新しい興味を動機づける。 挑戦を刺激する。 新しい機会をもたらす。
color: 緑	自分の客観性を動機づける。 健康意識を促進する。 独自の目標を立てさせる。 不和に対する自分の感情的反応をなだめる。
color: 青緑	自分の独立を促進する。 自分の実践力を刺激する。 精神的訓練を継続させる。 感情的ストレスを低減する。
color: 明るい青	自分の創造力を刺激する。 自分の学習を勇気づける。 活動しすぎを静める。 自分の論理的、また分析的洞察力を増す。
color: 濃い青	自分の感情を守る。 仕事の疲労を防止する。 自分の英知と識別力を高揚させる。 自分の自覚を刺激する。
color: 藤	自分の直観的洞察力を刺激する。 自分の気持ちを信じる。 精神的混乱を鎮静させる。 過労を低減する。

color: 赤紫	自分の信念をもっと信じる。 過度なかかわり合いから守る。 自分の直観力を刺激する。 外からのプレッシャーを低減する。
color: 茶	精神的な安心感を保証する。 体重の不足を防ぐ。 極度の精神活動を鎮める。 気まぐれな行為を安定させる。
color: 黒	外部の影響から守る。 未知の恐怖から解放する。 克己心を勇気づける。 自分の説得力を促進する。
color: 白	消極的な考えをうち消す。 個性的イメージをコミュニケートする。 自分の筋肉緊張を軽減する。 新しいアイデアへ道をひらく。
color: 灰色	外からのストレスを和らげる。 不必要なかかわり合いを防ぐ。 自己防衛的イメージを鼓舞する。 おだやかで、消極的な容貌を深める。
color: 銀	信念と希望を奮い立たせる。 自分の価値や自尊心を増大させる。 うぬぼれを励ます。 精神的な恐怖から守る。
color: 金	自分の物質的成功を増大させる。 高い理想を動機づける。 自分の報酬への欲望を刺激する。 安心感を高める。

色の秘密★目次

4

食べ物は色で選ぶとよい　154

V 色彩は生命の源泉である――むすびに代えて　239

扉写真・吉野雄輔／扉デザイン・斎藤深雪／カラーページデザイン・上楽 藍

はじめに——色は生命なり、力なり

現代はカラー時代といえる。カラーテレビが国内の全所帯に普及し、カラーによる情報が、山間僻地の茶の間のなかまで、四六時中送り届けられている。

そのためか現代人はカラーの夢を見るようになったと心理学者たちは指摘する。従来、睡眠中に見る夢のほとんどは白黒であった。たまに色彩のある夢を見る人は、異常であるとされていた。近年の報告によると、カラーの夢を見る人は、数十年前の十倍以上に激増しており、もはや異常とすることはできないとされている。カラー時代は、夢の世界にまで侵入してきた。

このような社会環境や個人生活での色彩化現象は、日本だけのできごとではない。ここ五十年くらいのあいだに、世界的に進行している傾向である。前段階とは、まったく異質なものとみなすことができるがゆえに、これを色彩革命《カラー・レボリューション》と呼ぶ人も多い。色彩革命は、国境を越え、民族差を無視して、〝全地球的〟に実現されつつあるといってよい。

このような時代に際し、「色の秘密」を解明することは、きわめて意義深いといえる。サー・アイザック・ニュートン（一六四二〜一七二七、イギリスの物理学者・天文学者・数学者）は「色彩は光そのものである」という言葉を残している。

色彩は光である。白光（太陽光線）は種々の色光からなり、その異なる屈折率によって七つに分散し、色の帯《スペクトル》が生じる。赤、橙《だいだい》、黄、緑、青、藍、紫である。

光とは何か？　光は電磁波である。真夏の海辺の砂が熱くなる。それは白光の長波長で目に見えない赤外線（熱線）が温めているからだ。光は赤から肉眼で見え始め、紫を経て再び目に見えない紫外線になる。

紫外線は人体に当たると五〇パーセントを皮膚で反射し、残る五〇パーセントが体に取り込まれ熱に変わり、ビタミンDをつくるはたらきをする。紫外線よりさらに波長が短くなると、X《エックス》線、ガンマ線、宇宙線となっていく。

色彩はどこで見ているのか？　当然、目であるが、皮膚でも色彩を見て（感じて）いる。

光や色彩によって私たちの筋肉は緊張・弛緩をくり返す。このはたらきをトーナスという。生体はいつも光を求めているから、光の加減や色彩によって、体の筋肉が緊張・弛緩する現象を、脳波や汗の分泌量から客観的に示した「ライト・トーナス値」と呼ばれる数値がある。

一番弛緩した正常値が23で、ベージュ色、パステルカラーがこれに近く、青が24、緑が28、黄が30となり、橙が35で緊張・興奮に変わり、赤は42で最高潮、血圧まで上げてしまう。では、なにゆえ、生体にそのような反応が起きるのか？

生体もまた種々の元素からなるものであり、元素はつねに振動《バイブレーション》しているため、その振動が光や色彩の波長（振動）に呼応する。これをシナジー（synergy；共力作用、生体組織の機能または効果がその単独作用の和よりも大きい結果を出す現象）という。

つまり、光は生命、色彩は人の心と体に大きな影響を持つ。

たしかに、色彩は光の本質であり、光は生命の根源である。したがって、生命は色彩である。私たちの体の器官は、それぞれ特定の色彩を持っている。

このような問題提起から私はこの『色の秘密』を執筆した。その秘密を解いて、生産・流通・消費にわたって、色彩を活用しようとする要求だけは、ひきもきらない。カラー時代の急速な要求に対応しようとしている矢先、本書の執筆依頼を受けた。再三のおすすめである。

そこで考え直した。いずれだれかがやらねばならぬ必要喫緊《きっきん》の分野である。不備を覚悟で、専心執筆した。

不十分な点は大いにご叱正のうえ、ご宥恕いただき、カラー時代の企業ならびに個人各位に、いささかのお役に立ち、発展の一助となれば幸いである。

平成二年三月

野村順一

増補の序

地球の歴史は四十六億年。四億年前に人間の祖先が海から陸地へと上がってきた頃、その生物には今の人類のような目はなかった。そのかわり、昆虫同様、触覚を持ち視覚のはたらきをしていた。

それが、人間として進化していくうちに二つの目ができ、触覚として目のはたらきをしていた機能は陥凹《かんおう》（recess）して、皮膚に全部ちらばったわけである。その反応は皮膚の放射エネルギー感覚として今も残っており、原基痕跡（rudiment ; 退化した器官）とみなされている。

私たちがふだん見ている色彩は、目で見えているだけでなく、皮膚でも見ている。皮膚には光センサーがある。よく芸術の世界で「肌で感じる」という表現をするが、つまり、目とか心とかで判断する以前に、皮膚が識別する。色彩に好き嫌いを感じているのは、肌そのものも感じているのである。

色が人間に与える影響は、その色が持つ特性を考えると興味深い。

カゼをひいたとき、素肌に白い丸首シャツを着て、大きな湯呑みで白湯《さゆ》を三杯飲んで寝る。すると汗をたっぷりかいて熱がとれる。すぐに乾布摩擦して新しい白の下着（上下）に着替えると翌日はカゼが治っている。

このように白という色は放射エネルギーを肌に透過し、自律神経を活性化させ、体内のウイルスを汗とともに排出してしまう。白というのは、太陽と同じ分光特性を持つ連続スペクトルで、健康に一番よい下着の色である。

同じように、黄、橙《だいだい》、赤の色光、赤い花一輪のワンポイントで十分に、自律神経を活性化させるので、空腹感はわくし、消化作用も促すのである。

色は言語を超えたサインである。カラー・コミュニケーション（color communication）とは、個々の色のシグナルやメッセージを伝え、人間心理に固有の感情を引きおこす作用のことだ。色を人間の感覚器官にはたらきかける光の振動と考えるとき、それはとても感覚的である。

このように色について思いをめぐらしている最中、本書『色の秘密』の改訂増補の依頼を受けた。色が持つ秘密を解くことは永遠のテーマであり、その意欲抑えがたく、執筆に専念した。

これを機会としてあるいは、次つぎと新しい発見と解明を導きだすよすがとなるかもしれない。そこでできたのが本書である。

平成六年五月

野村順一

I

恐るべき色の潜在力

1 色は無言で仕事する

暖色の部屋では時間の経過が長く感じられる

私たちの時間感覚は色によって、心理的に影響される。たとえば、赤や橙《だいだい》色にかこまれた環境では、時間を長く感じる。「一時間たったかな?」と思って時計を見ると、三十分しかたっていないことがある。

たとえば、ピンクのカーテン、真っ赤なじゅうたん、橙色のソファを備えた応接間にいると、実際の一時間が、二倍の二時間にも感じられることがある。実験では、腕時計をつけずに窓のない赤い部屋で、営業マンに会議をさせたところ、実際の時間は三時間だったのに、誰もが六時間かかったと言ったという。

だから、時間の経過が、長く感じられるほうがいい場合、そう、好きな人と一緒にいるような際は、このような暖色系の背景が望ましい。

また、これを逆用することも考えられる。

結婚式場の真紅の敷物は、華燭の典のシンボルカラーであると同時に、時間を長く感じさせる効果をも秘めている。真紅の色の力によって、新郎、新婦、親族の一団を何組も通過させることができる。短時間で、てきぱき式がすすんでいくわりにはゆったりと時間が流れていく感じを与える。充実した式であったと印象づける。結果的に客足の回転率を早める〝はたらき〟をする。

反対に、寒色系は実際の時間を短く感じさせる。「一時間たったかな?」と思うと、じつは、二時間も経過していた、というぐあいなのだ。だから、これは工場などの色彩に適している。終業のベルが鳴ってはじめて、「もう八時間たったのか」ということになる。これも、実験によって寒色系の部屋では、実際の時間経過をその半分に過小評価することが分かっている。

したがって、日常のきまりきった仕事とか、単調な作業にあけくれするところでは、時間の経過が早く感じられる、青、青緑など寒色系が最適といえる。もちろん働く環境は、時間感覚という一点で決定するわけにはいかないけれども。

G・ブライハウスという研究者が、筋肉反応のテストをしている。彼はふつうの光よりも赤色光のもとでは、反応が一二パーセントすばやくなるが、緑色光となると反応が遅れることをつきとめている。色によって時間感覚が狂ってしまうことも、この反応と密接に関連している。

昔々、浦島太郎は、助けた亀につれられて、竜宮城に行き、乙姫さまと栄華な暮らしを送ったが、村に帰ってみたら、なんと三百年もたっていたというおとぎばなし――。乙姫さまからもらった玉手箱を、あれほど「あけないで」といわれたのに、その〝戒め〟を破って、あけたとたん、白い煙がパッとでて、浦島太郎はたちまちおじいさんになってしまった。

白い煙の〝正体〟は何か。その謎をとく鍵はふたつある。

ひとつは、海底の竜宮城は青一色の世界であるということ。水はもともと緑、青、紫などの短い波長の光しか透過しない。それで、空が青いと海も青くなる。この青一色の環境で、浦島太郎の時間の感覚はすっかり狂ってしまう。それで自分はいつまでも若いと思い込んでいたわけである。しかも、ほんとうの時間経過を半分に感じているのである。

第二は、色に関係はないが、視覚的興味があると、実際の時間はすばやく経過するという原理がある。乙姫さまのもてなしとごちそう、それにタイやヒラメの舞い踊りのおもしろさで、ついつい時のたつのを忘れてしまったということである。視覚的興味が多いところでは、時間がすばやく経過するのはだれしもが経験するところである。浦島太郎は青一色と視覚的興味との二重の影響を受けたことになる。

それでは、浦島太郎の玉手箱は、何だったのだろう？　それはお好きなように受けとめていただきたい。

色には感情がある

以上はほんの一例にすぎないが、色には人間の生理や感情に及ぼす力がある。それがこの本でいう「色の秘密」の一端である。それは人間が色を単に目だけでなく心で受けとめているからである。そのなかで、まず今あげた暖色と寒色が代表的なもの。つまり、暖かく感じさせたり、寒く感じさせたりする色彩である。

暖色系とは、赤、橙、黄などの長い波長の色をいい、太陽や火を暗示するので、心理的に暖かさを感じさせる。また、寒色系とは、青、緑青、青緑などの短い波長の系統で、水、空、氷などを暗示し、心理的に冷たく感じさせる。青緑を氷青と呼ぶほどである。

好き嫌いと関係なく、暖色系を見ると、実際に身体は暖まり温度も上昇する。これを体感温度（sensible temperature）という。逆に、寒色系や薄暗いところでは、身体が寒く感じ、自律神経系への刺激もないので、体感温度は下がる。

これについて多くの職場などで統計的調査が行なわれている。たとえば、ロンドンのある工場では女子従業員の欠勤が多く、何が原因か調べたところ、彼女たちが鏡をのぞくとき、病人のように映って見えた青色光のしわざであった。ウソのような話だが、青色光が病気をつくりだしていたのである。

おまけに、壁の色が陰気な灰色ときていたからたまらない。さっそく壁を暖色系のベージュに塗り替えると、青色光は中和され、欠勤は減少した。

ロンドンの別の工場では、灰色の機械が明るい橙に塗られただけで士気が高揚し、事故は減少、不機嫌だった従業員が作業中も歌をうたいはじめたという。

ところが、その工場のカフェテリア(セルフサービスの食堂)では、空気調節もよく明るい青色の壁であったが、従業員は二十一度の室温でも寒い、寒いとこぼし、上衣を着て食事する者さえいた。そこで、二十四度まで室温を高めてみたが、やはり寒いと苦情がでる。その原因が壁の色であることをつきとめ、橙色に塗り替えると、二十四度では暑すぎると文句がでて、結局、もとの室温、二十一度に低めたら、みんな満足したという。

逆に、室温が高いという不平があった工場では、明るい灰色、パステル調の緑色などの寒色系を導入したところ、それだけで不満が解消した。

アメリカのある工場では、空気調節をしてその室温をつねに二十一度に維持していたが、女子従業員たちから寒いという苦情が絶えなかった。

そこで、室温はそのままにして、白い壁をくすんださんご色に塗り替えたところ、苦情はパッタリ止んだ。

とても信じられないという人がいるであろうが、簡単なテストでハッキリ証明できる。一定温度の水をふたつのガラス容器に一杯に入れ、一方は赤橙色に、他方は青緑色に水を染めて、手を入れて「どちらの温度が高いか」をきいてみると、被験者の多くは赤橙と答える。数多くの人に五十色のカラーカードを提示して、暖寒の色相をつきつめたところ、一番暖かく感じる色相は赤橙に集中した。一方、一番冷たい色相となると緑青から青、紫と広い範囲にバラツキがあった。寒色系の領域のほうが広い。

だから「ブルーのカーテンをピンクのカーテンに替えたら、部屋が暖かくなりました」なんてことはあたりまえのこと。人びとの感じる温度を調査してみた結果、暖色系と寒色系では、その心理的温度差（体感温度）は、三度もひらきがあることが判明している。カーテンの色だってバカにしたものではない。温度差が、三度もちがうのだから、よほど鈍感な人は別として、無意識にカーテンの色の影響を受けることになる。

放射熱をコントロールする

寒い季節にカーテン地や壁紙を選ぶと、とかく強い暖色系となり、夏になってから、閉口することがある。見るからに暑い。もちろん、季節ごとにとり替えればすむことだが……。

夏の白いレースのカーテンは、いかにも涼しく、さわやかだが、その上に、寒色の水色やブルーのカーテン（無地でもプリントでもよい）を重ねて使い分ければ、いっそう爽快になる。

夏向きのレースのカーテンは白がベスト。白のレースは涼感をもたらすからだ。

このようなことはほとんどの人びとが体験的に知っていることだが、白および明るい色は、放射熱を反射し、黒および暗い色は放射熱を吸収する性質を持っている。

熱帯で、ほぼ同じ大きさの白い船と黒い船を浮かべて、船内の温度を比較したところ、白い船のほうが黒い船より、なんと十度も低かったというデータもある。

そこで、冷凍庫や冷蔵庫など、ことごとく白色系を使って、外からの放射熱を防いでいるわけである。アメリカのテキサスを走るバスの屋根は白く塗って、夏期の車内温度を一〇パーセントから一五パーセントも低めている。

ヘルメットにしても、陽がカンカン照りつけるところで、白ヘルと黒ヘルの内部の温度をはかると、おどろくほどの差異がある。白っぽい帽子、白い服、白いテント、白い日傘は、すべてすぐれた消夏法だが、逆に、寒い冬の日には、赤や黒など放射熱をよく

■黒と白との物理的温度差(10℃)

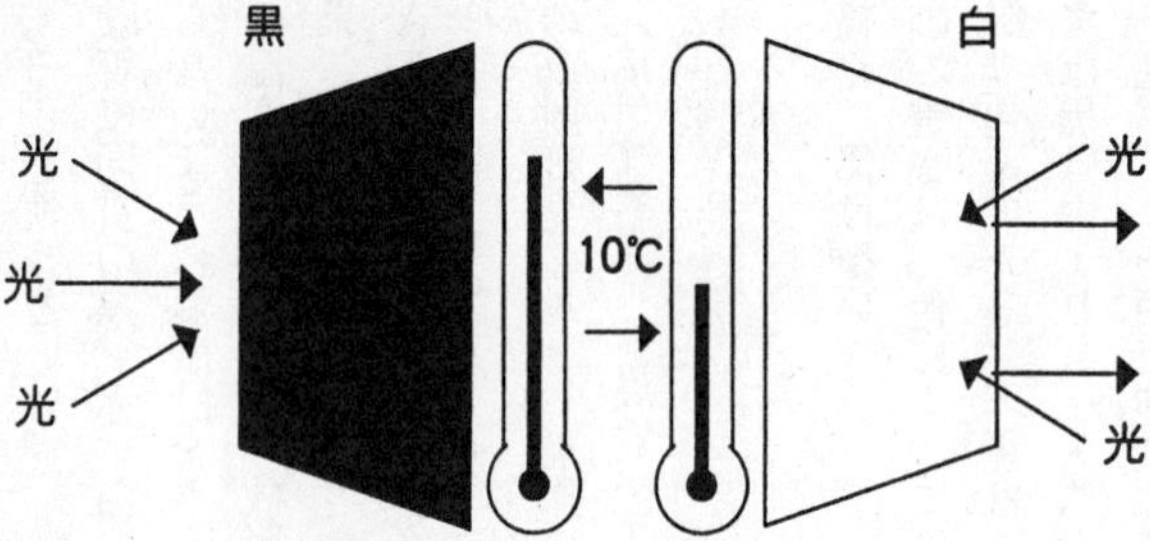

(注)白い色や明るい色は放射熱を反射するが、黒い色や暗い色は放射熱を吸収する。温度コントロールは色しだいではっきり影響される。

■直射日光下の車のルーフ温度は

ボディカラー	ルーフの表面温度
白色系	51℃
黄色系	53
ゴールドメタリック系	56.5
シルバーメタリック系	57.3
赤色系	61.6
青色系	62.6
緑色系	65
茶色系	67.6
黒色系	71.5

吸収する色を使うといい。

試験管に同質の黒、赤、白の紙をはる。試験管はゴム栓でふたをし、中心に試験管にさわらないように温度計をさしこみ、電熱器で放射熱を横からあてる。一定時間ごとに三本の温度を記録すると、放射熱の吸収は黒、赤、白の順位で、ハッキリ差がつく。その結果、少なくとも黒と白との物理的温度差は十度に達することが分かる。

ＪＡＦ（日本自動車連盟）が、車体の色と熱の吸収の関係についてテストしたことがある。

夏の直射日光のもと、海岸に駐車していた車六十台について調べたところ、最も高い温度（ボディ表面）は黒いボディ色で七十一・五度。最も低いのが白で五十一度。その差が二十度もあった。

白は軽く、黒は重い

ものの重さは、色によって軽くも重くもなる。同じ重さのものを、白い包装紙と黒い包装紙で包んでみると、黒は白よりも、だいたい二倍の重さに感じる。ある実験の測定結果では黒は白よりも一・八七倍、心理的に重くなった。百グラムのものを黒で包装し、百八十七グラムを白で包装して、両手で持ってみると同じくらいに感じるというわけで

■色の軽重感

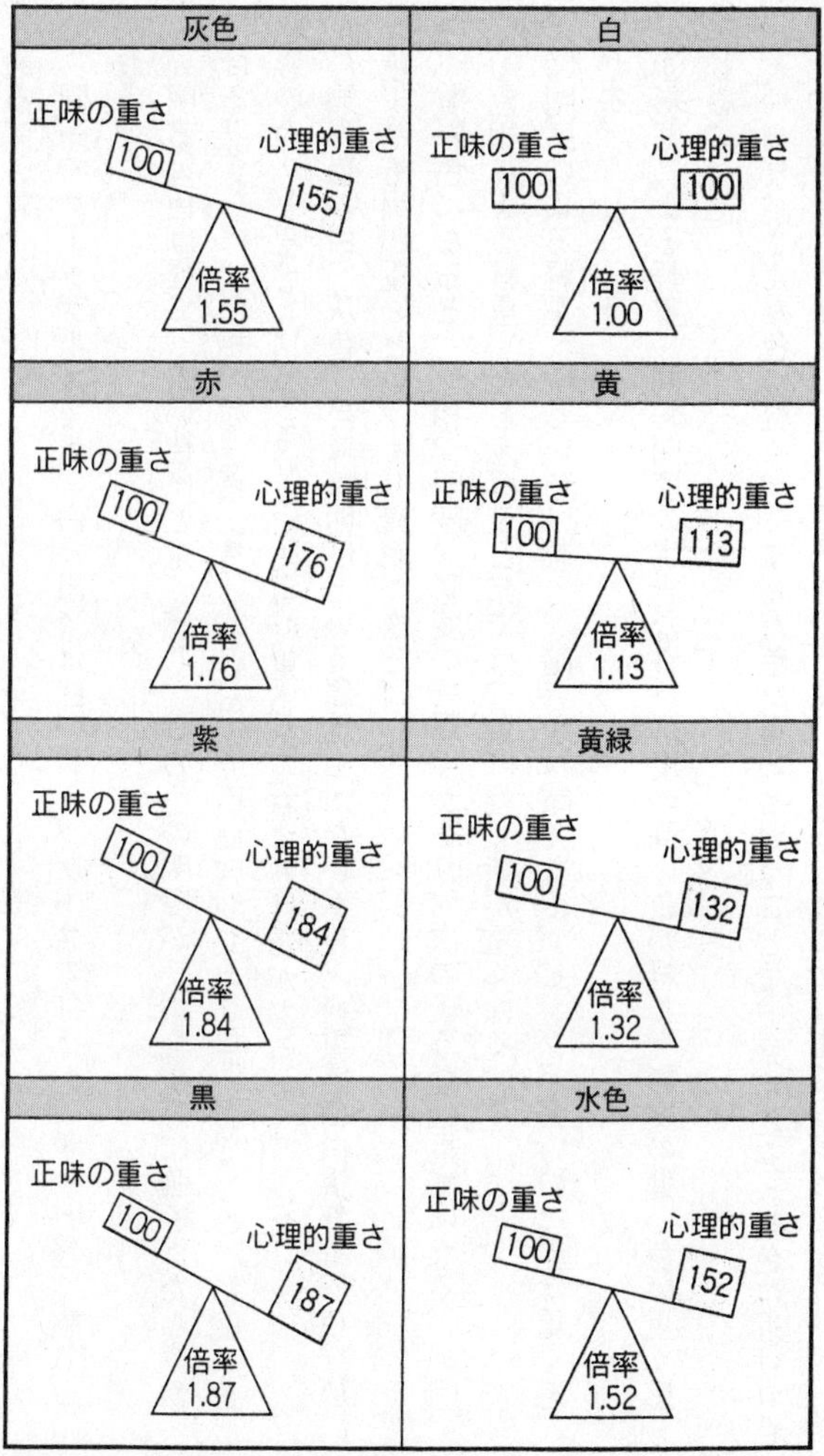
灰色
正味の重さ
100
心理的重さ
155
倍率
1.55
白
正味の重さ
100
心理的重さ
100
倍率
1.00
赤
正味の重さ
100
心理的重さ
176
倍率
1.76
黄
正味の重さ
100
心理的重さ
113
倍率
1.13
紫
正味の重さ
100
心理的重さ
184
倍率
1.84
黄緑
正味の重さ
100
心理的重さ
132
倍率
1.32
黒
正味の重さ
100
心理的重さ
187
倍率
1.87
水色
正味の重さ
100
心理的重さ
152
倍率
1.52

ある。同一のスーツケースでも、白と黒では白いスーツケースのほうが、ずっと軽く感じられる。

明るい色は軽く、暗い色ほど重く感じ、この色の明度《めいど》が一番軽重感に強くはたらきかける。さらに、色相《しきそう》（赤、黄、青など有彩色が互いに区別しあう色あいのこと）、彩度《さいど》（色彩のあざやかさとにぶさをいう）にも軽重感を左右する性質がある。

無彩色の白、灰色、黒には明度という属性しかないから、軽重感は白よりも灰色、灰色よりも黒が重いとハッキリ確認できる。

有彩色になると、色相、明度、彩度の三属性があり、次のような軽重感になる。

①色相による軽重　たとえば黄と紫では、黄は軽く紫が重くなる。

②明度による軽重　明るい色は軽く、暗い色は重くなる。ピンクが軽いのに赤は重く感じる。

③彩度による軽重　同一明度の場合なら、彩度の高い色が軽く、彩度の低い色は重く感じる。

つまり、さえた色は軽く、くすんだ色は重いということで、さえた赤（純色に近ければ近いほど）は軽く、くすんだ赤（彩度が低くなるにつれて）は重くなってしまう。

これらをまとめると、四七ページの図のような差異になる。

なお、軽重感は、環境の照明でも変わってくる。たとえば、赤色光のもとでは、重さが実際よりも重く感じられ、緑色光ではずっと軽く感じられる。白熱電球では重く、蛍光灯では軽く感じられる。

2　頭脳と生理にどうはたらきかけるか

腹をたてると食事はうまくない

「神経系統は、すべて、ともに連結しているから、神経系統のどんな部分でも、他の神経系統から影響されないで、反応することはない」と生理学者は教えている。たとえば、ジェット・コースターに乗って、ポップコーンやセンベイを食べてみても、うまいとか、うまくないどころの話ではない。なにしろ、死ぬような目にあっているのだから。

けんかをしたり、腹をたてながら食事をしてもうまくはない。

停電して、真っ暗やみの中でタバコを吸ってもうまくはない。

また、暗やみの森林で、ある種の危険とか、敵兵に対して耳をすませばすますほど、聴覚と同様に視覚も鋭敏になるといわれる。

味はどこで感じるか?

味を感じるのは舌の表面にある乳頭の中の味蕾《みらい》という細胞群である。

乳頭はおもに舌の表面にあるが、上あごやのどの入り口など口腔粘膜にもある。小さな丸いツブツブで、顕微鏡で見ると乳首に似ている。

次ページの図のように、乳頭の中にある味蕾は花の蕾《つぼみ》に似たフラスコ状で、長さ〇・〇六ミリ、直径〇・〇四ミリでイクラのように見える。水や唾液に溶けた食べ物が、味蕾のてっぺんにある直径三ないし五ミクロンの穴からはいって、神経を刺激して大脳の味覚中枢に伝える。

乳頭は四種類あるが、味蕾を持つのは三種類だけである。味蕾の数は年齢によって変わり、一個の有郭乳頭の味蕾数は、赤ちゃんのとき二百四十五個、壮年期から老年期にかけて約二百個に減少、七十五歳以上の老人は八十八個と報告されている。子どもがおいしい食べ物や菓子を口いっぱいにほおばるのは味蕾が多いからである。一般的に、味覚は男性より女性のほうがずっと鋭く、また成人よりも子どものほうがはるかに鋭い。もちろん、健康状態によっても異なり、早起きの状態では味覚はかなり鈍感である。

味はあまい（甘《かん》）、すっぱい（酸《さん》）、にがい（苦《く》）、しおからい（鹹《かん》・塩気）の四味が基本である。

この四味に加えて、うまい（旨《し》）という第五の味があり、からい（辛《しん》）が第六の味で味覚というより痛覚で、口の中の粘膜の表面全体で感じる。

■乳頭の味蕾数

4 種 類 の 乳 頭	乳頭の数	乳頭 1 個の中の味蕾数	乳頭の部位
有 郭 乳 頭	8 〜12個	120〜250 個	舌の奥に V 字型に並んでいる
葉 状 乳 頭	15〜30個	10個程度	舌の側面
茸《じょう》 状《じょう》 乳 頭	100個ぐらい	わずか 3 〜 4 個	舌の先端
糸 状 乳 頭	無数にある	な い	舌 全 体

■味覚受容器

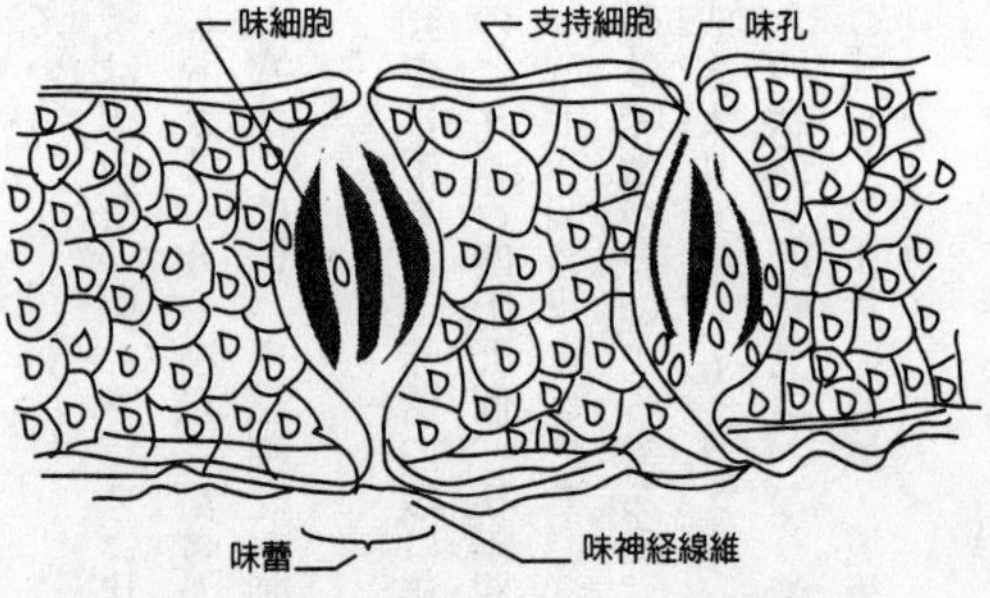

(注)乳頭中の味覚受容器はフラスコ状の味蕾を形成する。

(資料)野村順一:『カラー・マーケティング論』千倉書房、1983

■味覚四面体

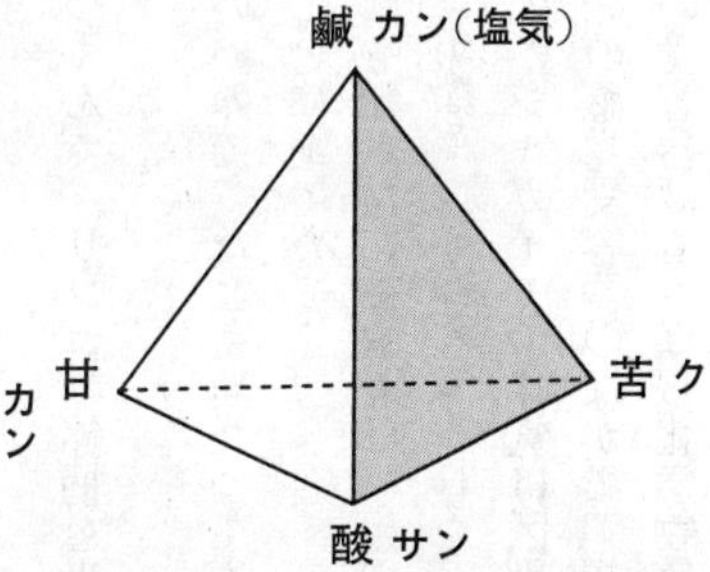

(注)いろいろな味覚質は1916年ヘニング(H. Henning)によって4つの基本的味覚に区分された。

(資料)野村順一:『カラー・マーケティング論』千倉書房、1983

味は視覚で決まる

そこで色の問題。

楽しい実験を紹介する。

目かくしして、鼻を固くつまんで、リンゴの銘柄を当ててもらう味覚テスト。これを〝いかさまテスト〟という。

リンゴの銘柄はなんでもいいので、たとえ当たっても偶然。このテストの目的は、生のジャガイモを食べさせることにあった……。

ひどいことであるが、なにも知らない被験者は、生のジャガイモをおいしくバリバリ食べてしまい、「＊＊リンゴかな？」と答えてくれる。

この場合、生のリンゴと生のジャガイモの味覚は区別することが不可能なのである。なぜだろう？　私たちの味の感覚受容器のなかで、視覚、嗅覚、それに味覚の三つは化学的感覚である。これらの受容器はもっぱら化学物質によって刺激される。

目かくしして、タバコを吸ったら銘柄を当てることはできない。暗やみでタバコを吸っても、うまくない。結局、タバコの紫煙を目で確かめてはじめて、タバコがうまく感じられる。タバコの煙は小さい炭素の粒子が集まったものである。そのうちの大きい粒子にしても直径数ミクロンで、粒子が小さければ小さいほど、短い波長の光（青や紫）

が散乱してタバコの煙が紫色に見える。

〝いかさまテスト〟で赤ワインを味わってもらうと食酢と思ってしまい、牛肉スープは塩を入れたぬるま湯に似てしまう。ただ、脂ぎった成分が強いスープなら、触覚で区別することができる。

このように、味受容器は私たちが食べた食物中の化学物質で刺激され、嗅受容器は空気中の化学物質で刺激される。たしかに、味覚は前述のとおり知覚されるが、視覚や嗅覚にくらべると、はるかに〝鈍感〟なのである。

食べ物が多彩になれば、それだけ味覚のはたらきだけでなく、触覚、聴覚、視覚、冷覚、温覚、嗅覚、痛覚などの他の感覚と融合してはたらく。

そして、最も重要な感覚は視覚なのである。そうならば、私たちの〝五感〟はどれくらいの割合で活躍しているのだろう。

視覚はなんと八七パーセントはたらいているのに、味覚はわずかに一パーセントにすぎない。五七ページの図をごらんください。私たちの食事では、驚くばかりに視覚が優位をしめている。それだけに、食器の色で食欲は大きく変化する。

コーヒーをおいしく飲むには

では、視覚の変化が味覚にどれほど影響を与えるのだろうか。

その関係を解き明かすために、次のような簡単なテストをしてみる。

まず、ラベルなどをつけないで、四個のコーヒー缶を用意する。コーヒー缶の色彩は、それぞれ濃い茶色、赤、青、黄に色分けし、四カ所のブース（仕切り席）に置く。

次に、ひとつのコーヒー沸かし器で四杯分のコーヒーをカップ（四個のカップは同一スタイルで、正確に同じもの、色は白かアイボリーの無地がよい）に注ぎ、さきほどのコーヒー缶のそばに配置する。

テストの趣旨を知らない被験者たちは、それぞれのブースに入って、いやでも目にとまるコーヒー缶の色を眺めながら、コーヒーを味わう。

そこで、次の四項目に回答してもらう。

①風味や芳香が非常に濃いか？
②風味や芳香がやや濃いか？
③風味や芳香がやや薄いか？
④風味や芳香が非常に薄いか？

ひとつのポットから注いだコーヒーだから、個人差はともかく、ほぼ同じ回答がでて

■五感のはたらき

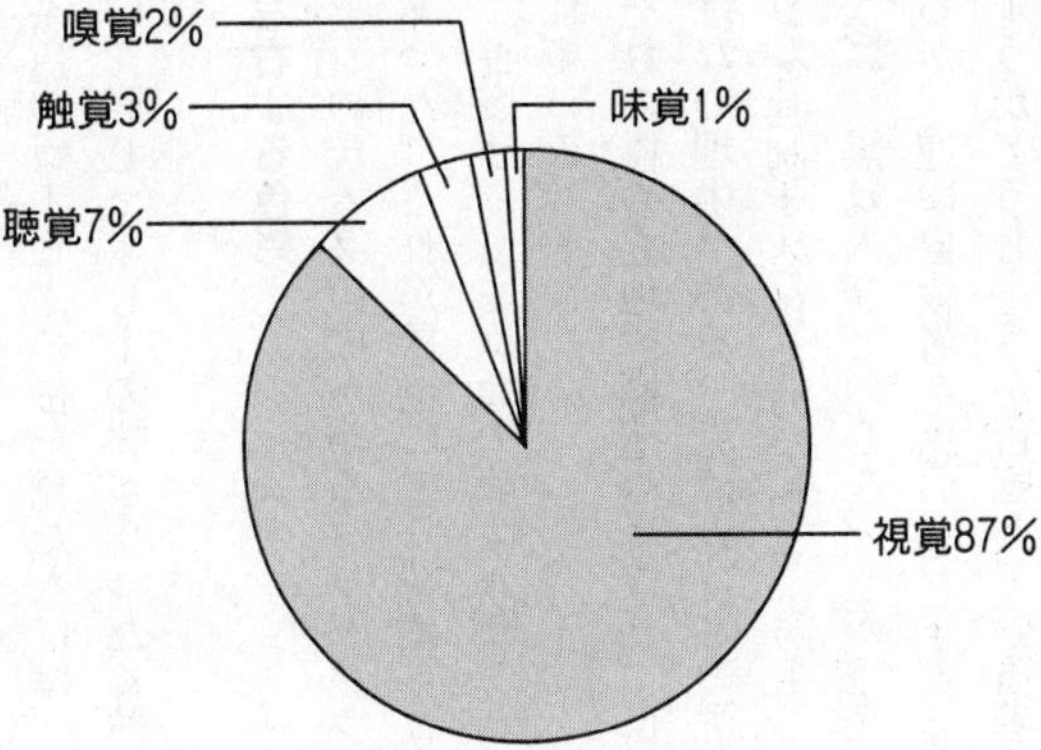

■コーヒー缶の色彩と味覚の変化（被験者　120名）

コーヒー缶の色	コーヒーの味覚の変化	被験者の回答率
濃い茶色	風味や芳香が非常に濃い	73%
赤	風味や芳香がやや濃い	84
青	風味や芳香がやや薄い	79
黄	風味や芳香が非常に薄い	87

不思議はないはずだが、目の前に置いてあるコーヒー缶の色を見たばかりに、コーヒーの味がちがってくる。

濃い茶色のコーヒーの缶を見た人には、コーヒーの味はきわめて濃く、黄色の缶を見た人には、同じコーヒーの味がまったく薄くなったのである。

生死を左右する色彩

ロンドンのテムズ川にかかるブラックフライア・ブリッジは以前は黒色で投身自殺の名所であった。これが緑色に塗り替えられてからは、なんと自殺者は三分の一以下に急減した。サンフランシスコのゴールデンゲイト・ブリッジもまた自殺の名所。これは赤で塗られている。

それぞれの橋の立地や構造も異なり、自殺を招くのは色だけの責任ではないが、黒や赤がいけない理由がある。赤は人びとの尻をひっぱたく色。言いかえれば、人びとのアクションを強制する色なのである。ブラックフライアは文字どおりの黒で、この黒が〝くせもの〟。黒は人びとの心をいやがうえにも意気消沈させる。

ところが、逆に自殺者を思いとどまらせた緑（自然色）は安らぎの感情を抱かせる。

自殺しようかどうしようか苦慮している者にとって、色ごときがこれほど干渉してくるなんて、と思われようが、微妙に色が心を左右するのである。色は諸刃《もろは》の剣ということを強調しておきたい。

色によって変わる位置感覚

色には、前方にとび出して近く見える進出色と、うしろへ下がって遠く見える後退色とがある。

大別すれば、赤、橙などの暖色系、彩度の高い（さえた）明るい色は進出色であり、青、青緑、青紫などの寒色系、暗い色、くすんだ色は後退色である。

後退色は広い感じを与え、進出色はせまい感じを与える。後退色と進出色を同一面上で使用すると、デコボコ感が生じることになる。そうした色の使用法は、もちろん、インテリアにも応用できる。

また、この色の進出・後退効果は、交通安全にも重大な関係がある。

青い自動車と赤い自動車が同一位置にいるのに、私たちの目には赤のほうが七メートルも近くに見える。車体色で人気のある青は、皮肉なことに、事故遭遇率が一番高い。小さく見えるので他車からぶつけられやすいのである。青色の自動車が実際よりも小さく見えてしまう現象は、じつは、私たちの目の色収差による。

少々専門的になるが、色収差について説明したい。赤は屈折率が小さいから、目の網膜より奥に結像する。そこで水晶体は網膜上に像を結ぼうとして、水晶体をふくらませて網膜に戻し、ピントを合わせる。その調節したぶんだけ水晶体が凸レンズとなるので赤い対象物は接近し、膨張して見えてくる。

これに対して、青は屈折率が大きく、網膜の手前で結像するので、それを網膜まで拡散させてピントを合わせなければならない。その調節を今度は水晶体をうすくして行うので、青い対象物は後退し、縮小して見える。濃い緑色も同じく小さく見え、灰色も見にくく、以上がワースト・スリー。

白、クリーム色は目立つ色だ。マルーン（栗色）や黒の利点はその重厚さにある。重々しく見えると、相手の車は思わずよけてしまう。ベージュ色や茶色は進退の誤差が少ない。黄色と金色（黄色+光沢）は、私たちの目に一番大きく見え、一番理想的な安全色といえる。

また、黄色は色収差がなく、ピントは網膜上にきちんと合う。ところが、黄色は目の網膜にあたかも吸取紙にインクをにじませたように広がる性質を持っているので、色彩のなかで一番大きく見える。

■進出色と後退色

位置感 ＼ 三属性	進　出　色	後　退　色
色相でみると	暖　色　系	寒　色　系
明度でみると	明　色 (淡い色)	暗　色 (濃い色)
彩度でみると	高 い 彩 度 (さえた色)	低 い 彩 度 (くすんだ色)

(注)　両者はどちらかが大きい面積を占めると、進出・後退の現象は逆転する。インテリアを広く見せるには全体の色が明色になれば、それだけ広く見えてくる。

使うほどに若返るピンク

日本人は、焦茶色《こげちゃ》、ネズミ色、黒などを上手に着こなすと、シブイ、イキであるなどと高く評価しがちだが、こうした配色ばかりだと老けるのが早まる。というのは、これらの色は体に有効な太陽光線を吸収してしまい、体内にまで伝えてくれないからである。

太陽光線は若返りの主役である。目から入ってくる日光は、種々のホルモンを分泌する下垂体《かすいたい》や松果体《しょうかたい》をはじめ、自律神経の最高中枢である視床下部《ししょうかぶ》一帯を刺激し、内分泌系を活性化して、若返りに効力がある。

それでは何が一番効果的かといえば、ピンク色こそ若返りの色なのである。

実験では、女性がピンクのブラウスを着て、ピンクのカーテンの部屋で生活するようにしたら、容貌や体が若返り、人柄まで明るく愛らしく、目のさめるような美人になったと報告されている。

若返り色のピンクをさらに積極的に活用するものに、色彩呼吸法がある。

ピンクの色彩呼吸法は、まずピンクの色を思い浮かべ、ピンクの空気を吸い込んでいるんだとイメージしながら空気を吸い込み、息をゆっくりと吐きだす。この深呼吸を二、三回くり返す。目が覚めたときと寝る前、日中の都合のよいとき、一日計三回。ピンクの呼吸をしながら自分の肌はなめらかになると心に描く。

さて、ピンクの呼吸法は実際にはどうしたらよいだろう。

目の前に、具体的なピンク色のものを用意する。たとえば、バラやシクラメンのピンク、色見本、織物、スカーフ、着物、カーテン、クッション、ブラウスなどのピンクを手もとに置いておく。

そばにピンク色のものがあるほうが、鼻孔に吸い込まれる空気を、容易にピンク色に思うことができる。そこで、ピンクの空気を胸いっぱい吸い込んでから、「美しくなりたい！」とか「若くなりたい！」と願うとよい。

ピンクの空気を吸い、息を止めて、体で若返りたい部位があればそこへ吐きかける。どれくらいの期間で効果が現われるかというと、実験では半年以上。いずれにしても、日頃のピンクの呼吸法で自分がつくりかえられつつあることが分かり、毎朝、快適に目が覚めて、自分が美しく見えはじめ、〝しわ〟や〝たるみ〟が消えていく。

バイタリティも高まり、健康も増進し、その変化が他人にも分かるようになる。

色を知るのは目だけではない

有名なイギリスの物理学者ニュートンは、「色彩は光そのものである」という言葉を残している。

この色を私たちは目で見る。しかし実は、皮膚でも、色を見て（感じて）いるのである。つまり、光によって筋肉が緊張する。このことは、背中にさまざまな光を当てて反応を見る実験でも明らかになっている。

体の筋肉の緊張・弛緩現象を、脳波や汗の分泌量から客観的に示したものに「ライト・トーナス値」というものがあることを序文で説明した。

私たちの生体は、光と色に筋肉反応する。ライト・トーナスを測定すると、一番筋肉が弛緩した状態の数値が23、ベージュ色をはじめパステルカラーはこの数値に近い。青が24、緑が28で、いずれも弛緩させる数値である。黄は30で中間だが、橙が35、赤が42となって緊張と興奮に変わる。

皮膚が光や色を感じとることを証明するのも容易である。被験者に目かくしをして、うしろの片方から光を照射すると、皮膚はそれを感じて明るい方へと体が傾斜する。私たちは生まれつき〝根アカ〟なのである。明るさを避けて暗がりへ逃げ込むのは悪人とミミズだけ。

では、なにゆえ、生体にそのような反応が起きるのか。それは、生体と光の波長が呼応するからで、その関係をシナジー（共力作用）と呼んでいる。その微妙、複雑な関係はおいおい明らかにしてゆくが、いずれにせよ、色は人の心と体に大きな影響力を持っている。

黒を着ると「しわ」が増える

まだ熟していない緑のトマトを採って、一つは白い布地、二つ目は赤い布地、三つめに黒い布地を被せ、日光の当たるところに置いた。つるに残った他の緑のトマトが熟した頃に、布地を開いてみたところ、どうなっていたか？

白い布地のトマトは、つるのトマトと同様に完熟し、赤い布地のトマトは、発酵するほどに熟し、黒い斑点が現われていた。ところが、黒の布地のトマトは、まったく熟さず、緑のまましぼんでいた。

このように、白い布は生命体が必要とする光を透過し、逆に黒い布はすべてを吸収、赤い布は刺激の強い六百五十ナノメートルの波長をよく透過した。冗談ぬきで、黒ずくめのファッションを肌着で着ていると、このトマトと同じようにしわが増えてしまう。

光すなわち色は、皮膚と神経に作用し、さらに肺臓、肝臓、腎臓など、すべての器官系統に作用している。

白は光を反射するのだから、白い布地ならトマトは緑色のままではないか？　と思われようが、白い布地はすべての色波長をトマトに伝導し、トマトを熟させたわけである。

白い布地はすべての色波長の大部分を透過する。黒い布地では布地がすべての色波長を吸収して、包んだトマトへ伝導しない。赤い布地はフィルターとなって、赤の波長を透過して、トマトに伝導し、刺激が強すぎてトマトを発酵させたのである。

アラブの女性は黒いベールを使い、黒衣をまとうが、それはベールが熱砂の吹き込みとまぶしさを和らげ、黒衣で太陽光線の紫外線を防ぐからである。

このように、明るい色の衣服は皮膚にとって優れた賦活効果をもたらす。暗い色の衣服にくらべると明るい色のほうがずっと生気を与えてくれる。女性が黒い衣服ばかり着続けると、肌がしなびてくるのが目に見えて明らかになる。黒い布地に包まれたトマトは緑色のままでしなびて、しわしわになっていたテストと同じ結果である。白は大部分の放射線を透過して伝導するから、白い衣服は広く推奨されている。同様のことは下着にもいえる。

真っ白い下着や衣服を二日間着ただけで、カゼが治ったという例もある。白い下着は体が必要とするすべての色波長を栄養として与えるから、白い下着が一番健康によい。黒い下着をいつも愛用したらどうなるのか。黒は希薄な放射線だけが作用し、まったく光を透過しない。そこで、前述のように肌がしなびてくるし、老けこんでしまうのである。

子どもにいい色、わるい色

新生児の最初の興味は、感触、明るさ、動くもの、の三つである。母親の乳房に触れることによって情操は豊かになるのだから、哺乳瓶だけでは不十分というものである。

新生児はベビーサークルからいつも明るい窓のほうへ首を向けて、明るさを求める。頭の形は一時的にいびつになるが、その位置を逆にすればいびつも直る。

動くものへの欲求を満たすことも大切である。たとえば、天井から吊るして回転する赤、橙、黄色を使った玩具を乳児に見せることは理にかなっている。

生後二カ月ないし三カ月で色彩識別の能力が芽ばえる。乳児は黄色が一番好きで、つづいて白、ピンク、赤、橙という順位で好む。パステルトーンが好きなのは明度が高いからだ。そばにいることの多い母親はつとめて、黄、白、ピンク、赤、橙などの明るい暖色系を着て見せるのがよい。乳児は緑、青、紫などの寒色系を嫌い、黒は極度に嫌う。黒を見てよろこんだら〝ウス気味の悪い赤ちゃん〟ということになりそうだ。昼間暗い部屋で育てないことも当然のことである。

百四十億個の脳細胞は百二十五年から百五十年生きる能力があると大脳生理学では強調されている。つまり、私たちには百五十歳の寿命がある。

脳細胞を擁する大脳皮質は表面積が約二千から二千五百平方センチで新聞紙一ページ分。皮質の厚さは二ないし四ミリ、三分の二はしわになっている。六九ページの図のように皮質の各部位はそれぞれの機能を受け持ち、皮質内の連絡線維は複雑な回路の配線図になっている。

生後六カ月でやっと原色を識別。形よりも色に感じやすい時期である。

赤ちゃんは形より色を認識する

二歳から三歳にかけて、乳幼児は外界からの刺激を無批判に吸収する。とくに、両親の言動は強く影響し、夫婦げんかがたえない状況では粗暴な性格につくられる。〇歳から三歳まで親の行動を見て育つ。百四十億の脳細胞一個から、それぞれ一千本ほどの配線が各細胞につながってゆく。この配線図は二歳から三歳で七〇パーセントないし八〇パーセント完了。両親をお手本に両親の行動ソックリの配線図にうつし取るのである。たとえ自分の子でも、生みっ放しで他人に預ければ、育ての親の配線図になってしまう。「三つ子の魂百まで」という諺《ことわざ》は三歳までが大切だということ。集団保育といった方式では、人の子は画一的な行動をとる昆虫のようになる。私たちの個性は、それぞれ異なった環境で育つ。両親は進んで風呂に一緒に入り、肌と肌を接触させ、抱きしめて

■大脳皮質の機能局在（左半球外側面）

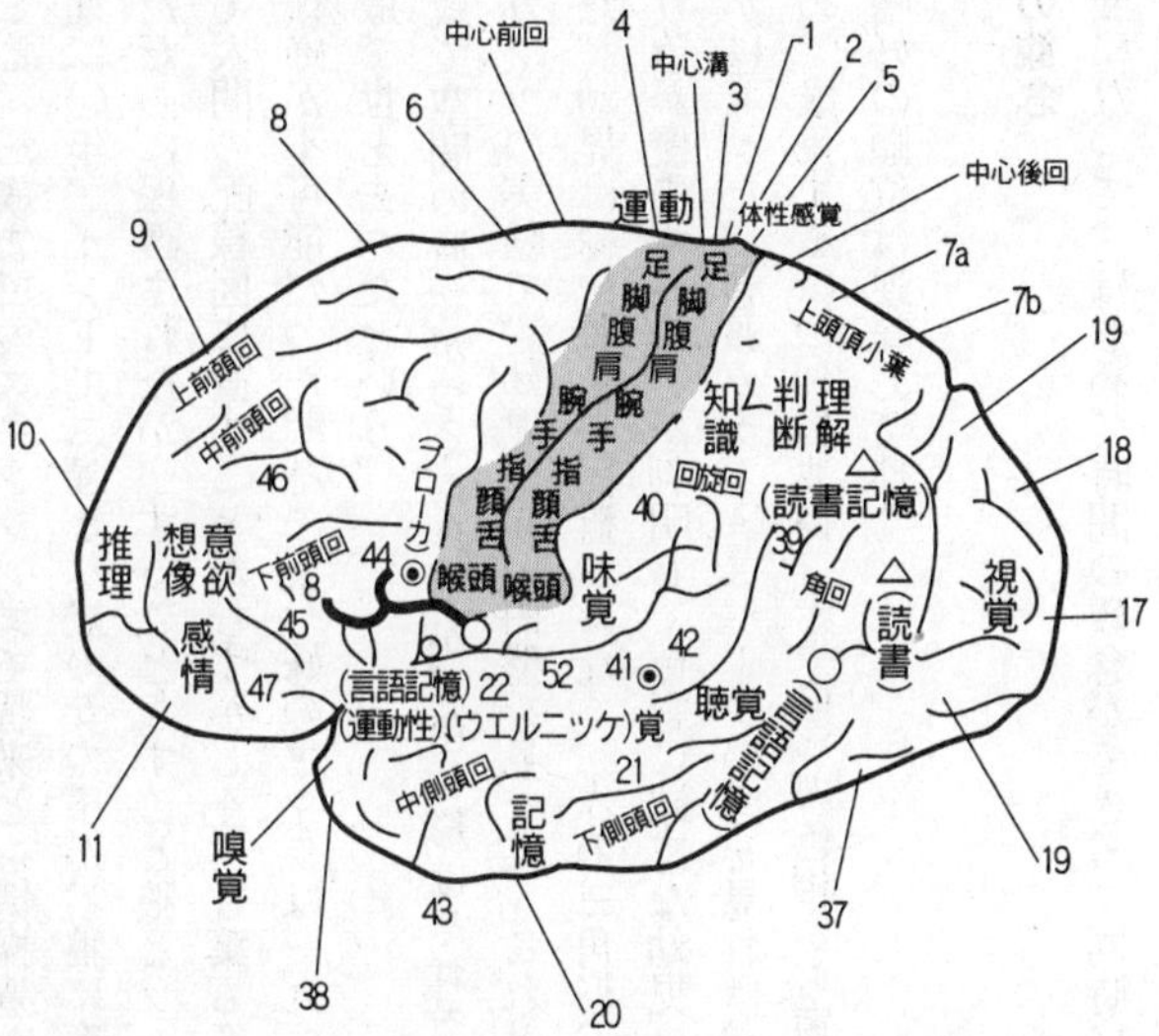

（注）人間の大脳皮質はその表面が多数の皺襞《しゅうへき》（回）をなし、厚さ約2.5mm、表面積は左右合わせて約220,000mm²、大脳の表面は灰白色で、ここに神経細胞が集まっておよそ140億個、大脳の内部は白色で神経線維よりなり、白質の中にところどころ神経細胞の塊（核）がある。灰白質でなる大脳表面が大脳皮質で、白質よりなる内部を大脳髄質という。

大脳（左右の両半球、間脳）、脳幹（上より中脳、橋、延髄）、小脳よりなるいわゆる脳の重さは新生児で400g、成人で1,300〜1,400gである。

＊数字は、ブロードマンの領域区分による大脳皮質の部位をあらわす。

やること。三歳までのスキンシップで将来とも情操豊かな子として育つ。

一九二〇年、インドで二歳と八歳の女の子が、狼に育てられていたところを発見された。ただちに保護されたが、することなすこと狼とソックリ。すでに狼の配線図になっていて人間の配線図に直すことがむずかしく、言葉も五十ぐらいしか覚えず、人間社会への復帰が不可能だった。その後、妹のアマラは一九二一年に亡くなり、姉のカマラは十六歳で世を去ったという。

四歳で空間の概念がつくられるが、色と形はそれぞれ独立して発達する。心理学者D・カッツの実験で、幼児に赤い円盤を見せて「これと同じものを選びなさい」とテストした。幼児は緑や黄色の円盤ではなく、赤の三角形、赤の四角形を集めた。実験では、形より色が優先することが判明し、色彩に敏感な幼児は黄や白が大好きだということが明らかになった。巻頭カラー・二ページの図を見れば、幼児の色彩嗜好は暖色系が上位を占め、成長するにつれ長波長（赤や橙）の色相から短波長（青や緑）の色相へ移行し、色彩嗜好の順位は逆転してゆく。

未来の観念

十歳になって、はじめて時間の観念ができる。同時に、未来観、死生観、世界観がつくられる。これらの観念の前提には、時の流れがあり、未来の観念こそ私たち人類に特有のもので、未来があるから私たちは心配する動物となって喜怒哀楽の人生絵巻をくりひろげるわけである。残念ながら動物たちは未来の観念がないので悲しみもない。犬や猫が明日を思いわずらい、泣いたり笑ったりしたら気味悪くなる。

私たちの本質は意欲といわれる。これも時間の観念から生まれる。意欲は意識と欲望のコインド・ワード（合意語）で、それは私たちの〝おでこ〟ではたらき、私たちのリアクションのひきがねとなり、そして〝やる気〟そのものである。六九ページの図の左端が前頭葉で〝おでこ〟に相当し、意欲、感情、想像、推理といった未来の観念の局在する部位である。

女の子の好きな色、男の子の好きな色

十三歳から十五歳で体がおとなになるとき、色の好みにも性差が現われる。物体の色ではなく、抽象的に、赤、青といった場合、男子・女子の色彩嗜好はかなり一致するが、衣服の色や家具の色といった具体的な好みになると、両性の性差がハッキリ現われてくる。一般に、ティーンエイジャーは男子が青を好み、女子が赤を好む。

十八歳から二十一歳の若者がほんとうに好きな色は、暗色（ある色に黒を混ぜてでき

る色）、生成《きな》り色、黒、灰色、白である。「若い人らしく楽しい色を」といわれてもすぐ暗色に逆戻り。その理由は、はち切れるような若いエネルギーをもてあまし、地味な色を着て中和させているのである。

五十五歳から八十歳では、一般に黒、灰色、濃い茶色など渋い色の衣服を着るが、それを無難と思って着ている人が多い。

老人が内心一番好きな色は、華美なピンク色と判明した。老齢になってピンク色を着ると若返ることは前述のとおりである。色彩を楽しむことは若返るだけでなく、幸福感に満たされる。黒、灰色、濃い茶色は老衰をうながし、死を急がせるはたらきがある。

草木を見ることのできない環境で、子どもが育つと、情操のとぼしい人間になりがちだ。立派な人物といわれる人たちを見ると、例外なく自然の背景が、故郷の山や川の緑が、無言の教訓を与えて、はぐくんでいた。都会の子どもたちが夏休みにこぞって海や山ですごすのも、本能的欲求といえる。

ある色をじっと見つめると、しだいに白っぽく色あせて見える褪色《たいしょく》現象が起こる。この現象は赤や橙では一番強く、緑や黄は褪色しにくい。

また、緑色のハンカチーフを一枚見つめることで、頭痛を治すことができる。植物は二酸化炭素（炭酸ガス）を吸って酸素を吐く。光合成である。緑色はそれを見ただけで、潜在意識に酸素の豊かな植物を思い起こさせ、精神の動揺を抑えるはたらきかけをする。酸素が豊かなら頭痛も治る。

緑には、このような優れた作用がある。ただし緑色渇望があるからといって、「緑色の壁紙を貼ればよい」というわけではない。せめて、窓から庭木や鉢植の緑が見えるようにするとよい。

子ども部屋は寒色系でまとめたい

勉強部屋は、寒色系かベージュ系がよい。たとえば青は新陳代謝を活発にし、生命力をつくる色で、しかも、リラックスさせる。ただし、単調は好ましくなく、カーテンなども幾色かまじったプリント地で、柄なども立体的な深みのあるものが望ましい。パステルトーンのピンクやうす紫が小花で溶けこんで、全体として寒色系であればよい。

壁紙では、これ見よがしに、ハッキリしたバラの花や飛行機をプリントしたものは、かえって子どもの想像力を低下させる。木肌ならそのままでよい。壁紙はクロス（織物）の無地がよい。それを背景に花一輪活けるとか飛行機の模型を吊るすという工夫で十分。子どもの情操は無地から想像して果てしなく広がる。

最近の学習机には本棚と机が一体になっていて、温度計から湿度計、鉛筆削り、さらに二十ワットの蛍光灯まで備えているものがある。これでは、目の前に衝立《ついたて》が立ちふさがっているようなもので、心理的に圧迫する。

勉強がよくできる机は、立机でも座卓でも結構。大切な点は机上に何もなく、本箱は別にすること。明るい白木《しらき》に近い木製机が理想である。木製の感触すなわち木の温もりは子どもの情操を豊かにする。

事務机のようなスチール製は禁物だ。まして、灰色（JIS 色記号 N5.5）のスチール机の机上は反射率二四パーセントで、明るい光を七六パーセントも吸い込むので、子どもの明るい心も七六パーセント奪ってしまう。スチール机の上にアイボリーのテーブルクロスを掛けただけで改善される。

夜間、机上には電気スタンド（百ワットの白熱電球とランプシェード）を置くと、白熱電球の光色が勉強を促進する。蛍光灯は知らず知らずのうちに子どもを無気力にする。

昼間、机の位置も採光のため窓にピッタリとつけたり、逆に壁面に密着させても圧迫感を与える。いずれも三十センチは離すこと。できれば部屋の真ん中がよい。窓は左側にして机を置くと（この場合も窓から三十センチ離して）、採光は左手より得られることになる。

音によって色を見る！

「音にも色彩があるの？」

「そりゃあるんじゃない。音も色彩も感覚の世界でしょ」

「音楽鑑賞で美しい色彩が見える人もいるわ」

私たちは、感覚の一受容系で受けとめた刺激を、その感覚で反応するほかに、その感覚以外の系統の感覚も反応させる。これを共感覚という。

たとえば、音刺激によって、色覚をともなうことを色聴といい、音によって色を見る特殊能力を持つ人を、心理学者は「色聴所有者」と呼んでいるが、一般の人にも多少この傾向がある。

ドレミの音階を共感覚で感じると、ドは赤で、一オクターブ離れたドも、やはり赤であった。♭レは紫、レはすみれ色、♭ミは淡い青、ミは黄金色、ファはピンク、♯ファは緑青、♭ソは濃い緑青（♯ファと♭ソは異名同音）、ソは明るい青色、ラは冷たい黄色、♭シは橙、シは鮮明な銅色といったぐあい。七八ページの表のように、色彩共感覚の実験では七年半後でも同じ反応である。おもしろいことに、ドの音色は赤、♯ファは緑青、両音を一緒に響かせると、色彩の融合が起こり、補色のため灰色の色聴が現われ、混色の法則どおりである。

音楽全体から色聴を見ると、高い音調は明色（ある色に白が加わってできる色、赤の明色はピンクなど）になり、低い音調は暗色（ある色に黒が加わってできる色、赤の暗色は焦茶）に傾斜する。フォルティシモ（最強音）になると、その色は接近し、強烈で重くなり、ピアニッシモ（最弱音）になると、色はかすんで、灰色がかって遠のいていく。

また、フラットがついた曲は暖色系を、シャープのついた曲は寒色系を連想させる。クリストファ・ワードによれば、真珠色の最も弱いささやきから青色の弱い音色を経て、すみれ色のオーボエの音色、涼しい澄みわたった緑の森の風、黄色の柔らかい笛の音、茶色のコントラバス、橙色になり響く金管楽器、色はすべて音楽であるという。

「黄色い声」ってなァーに？

色と音について一九三一年、カール・ジーツが最初の実験で、高音や低音を響かせている間に、カラー・カードを一秒間被験者に見せるというテストを行なった。その結果、低音ではカラー・カードの色は濃く見え、各色はさらに青色味か赤色味を帯びてくる。たとえば、橙は赤橙、黄は黄褐色か黄橙に、緑は緑青、青は青紫に見えてしまう。

高音ではカラー・カードの色は、どんな色も黄色味を帯び、淡く薄くなって赤は橙赤、橙は黄橙、黄はもっと薄く、緑は黄緑、青は緑青になる。

女性や子どものかんばしった高い声を、「黄色い声」というが、耳をつんざくような高い声は、見る物体を一瞬、かすませて黄色に塗りつぶすのかもしれない。

音楽を色彩に翻訳すれば……

色彩と音楽は強い感情で結びつく。色彩と音楽との調和に対するフィーリング（感触）は万人に共通する。

W・R・ワグナー（ドイツのオペラ作曲家）は色彩と音楽に触れ、V・カンディンスキー（ロシアの画家）は色彩のリズムとハーモニーとを音楽的に計量し、画面に動きの効果を追究した。

C・モネ（フランスの画家）は日の出の作品に「印象」と標題を付した。この「印象」から印象主義が生まれ、人や物などを見たときに受ける感じや印象を、きまりやしきたりに縛られず、そのまま自由な形で、表現しようとした。印象主義の画家や詩人たちに影響されたC・A・ドビュッシー（フランスの作曲家）は新しい音階や和音を工夫して音楽の世界で印象主義を推進した。

T・F・カルボスキーやH・S・オドバードらの研究では、調査対象とした百四十八人の大学生のうち六〇パーセントは音楽を聴いて色彩反応を起こし、三九パーセントは

■1905年および1912年に調査された色彩共感覚の事例
(A Case of Chromesthesia Invested in 1905 and Again in 1912)

音階＼年	1905	1912
c (ド)	赤　色	赤　色
d^b (レ^b)	紫　色	ラベンダー (薄紫)
d (レ)	すみれ色	すみれ色
e^b (ミ^b)	淡い青色	濃い青色
e (ミ)	黄金色	太陽のごとき色
f (ファ)	ピンク	ピンク (リンゴの花)
$f^\#$ (ファ$^\#$)	緑青色	青緑色
g^b (ソ^b)	より緑がかった青色	より緑がかった青色
g (ソ)	明るい青色	明るい空色
a (ラ)	冷たい黄色	暖かくない、きびしい、澄んだ黄色
b^b (シ^b)	橙　色	ほとんど橙色に近い色
b (シ)	非常に鮮明な銅色	非常に鮮明な銅色

(資料) From H. S. Langfeld;Psychol. Bull., 1914 pp. 11, 113.

The notes of the musical scale are associated with images of very constant colors.

■色彩知覚作用の音による影響

色相＼音	低音			高音		
全色相	隣接色になり濃くなる			隣接色になり淡くなる		
赤色	青味がかった赤	赤紫色	＋青	明るい黄色味の赤	橙赤色	＋黄
橙色	赤味がかった橙	赤橙色	＋赤	黄色を帯びた橙	黄橙色	＋黄
黄色	茶色がかった黄	黄褐色	＋赤	さらに淡い黄色		＋黄
緑色	青味を帯びた緑	緑青色	＋青	黄色味を帯びた緑	黄緑色	＋黄
青色	すみれがかった青	青紫色	＋青	淡く緑がかった青	緑青色	＋黄
全傾向	青色味または赤色味を帯びる			黄色味を帯びてくる		

（資料）Karl Zietz ; "An Unusual Phenomenon Relating to Color and Sound", 1931.

一色か数色を見たと判明した。五三パーセントの学生が色彩連想し、三一パーセントが色彩反応をした〝感じ〟であったという。

この研究では、緩慢な音楽は青、急速な音楽は赤を連想させ、高音は明るい色、低音は濃い色で、色相と模様まで連想させた。水平の次元では時間で音楽が展開、垂直の次元ではピッチ（高低）の変化、深さの次元では音量といった意味で色彩が役立った。

このような色聴は子どもたちがひとしく共有し、原始人では広く存在していたという。ウォルト・ディズニー（アメリカの漫画家・映画製作者）の作品「ファンタジア」は音楽映画として色彩と音楽を融合させた最高傑作。この作品のなかでも、L・v・ベートーヴェン（ドイツの大作曲家）の交響曲、第六番へ長調op.68「田園」の全曲が色彩に翻訳されて見事に描かれ、今なお鮮明に想起されるほどの力作であった。

居住空間に見る色彩の音楽性

「住まいの色彩に、リズム・メロディ・ハーモニーがありますか？」

「色彩の組み合わせで、その三要素は十分に表現できます」

リズム（rhythm：律動）は、一定の音が反復して聞こえる場合、聞こえてくる音が、長短、高低、強弱、音質の相異などの変化をともなう場合、音の聞こえない時間が挿入された場合など、時間経過の「刻み」をいう。必ず、一定時間ごとに刻まれる拍という単位に乗ってつくられる。住まいでは、色彩の占める面積がリズムをつくり出す。

メロディ（melody：旋律）は音の高低とリズムが次つぎにつながって進む様子をいう。住まいでは部屋から部屋へと色彩の調和とリズムが移り変わる様子に相当する。

ハーモニー（harmony：和声）は二つ以上の音が重なりあいながらつながって進む際、音楽的調和を生ずる現象をいう。ひとつの部屋の構成要素として色彩の調和に相当する。

このように、音楽に三要素（リズム・メロディ・ハーモニー）があるのと同様に、住まいの色彩にも三要素が重要なはたらきをしている。

七〇パーセント、二五パーセント、五パーセントの色彩面積の配分率に、音楽のリズムがある。和音、すなわち、ハーモニーである。

したがって、たくさんの家具を並べたり、色数が多くなると、リズムが崩れ、色彩の調和は消えてしまう。

音楽で和音とは、二つ以上の音が同時に響くときの合成した音をいう。たとえば、ハ長調の主要三和音、ド、ミ、ソは主格感、安定感を表わし、ドは主音でドッシリした面積があってベースとなり、ソはキラッとした輝き、ミはドとソを調和させる。

次に、ファ、ラ、ド、はド、ミ、ソやソ、シ、レとは同じ三和音でも全く別の機能を持ち、叙情感・解放感を表わす。ソ、シ、レはド、ミ、ソへ進もうとする強い性格がある。

以上、三和音の特徴にふれてみたが、不思議なことに、ド、ミ、ソを七八ページの表の色聴にあてはめると、赤、黄、青の三原色になってしまう。

しかし、居住空間では、ドは主音としての主格感・安定感をもたらす色としてベージュ色がベーシック・カラー、ミはドとソの調和を生む白でサブ・カラー、ソはキラッとした輝きの純色（赤、青、黄など彩度が最高の色）となり、アクセント・カラーの機能を発揮する。

Ⅱ 好む色で分かる基本的性格

1 色が明かす長所と短所

色と性格には深いつながりがある

色彩の好き嫌いを答えるとき、人びとは自分の性格を思わず告白してしまう。色彩は嫌いだとキッパリ拒否する人は、おそらくなんらかの精神障害、極度の欲求不満、不幸に見舞われた人間である。しかしまた、色彩に過剰熱狂するのも、精神的混乱からうわついた心の現われである。

色彩嗜好は何年か経過して変わってゆく。このことは、その人の性格が変化をこうむったという意味である。この傾向は外向性よりも内向性の人びとに多く見られる。一般に外向的な人は暖色系を好み、内向的な人は寒色系を好むというハッキリした区分がある。

一方、コミュニケーションのシグナルとして、またメッセージとして、色彩が近年急速にクローズアップされてきた。色は形よりも、すばやく印象づけるからである。ともかく、特定の好みの色から、その人の人格の推測がほぼ可能である。たとえば、赤を好む人は外向性であるといえる。巻頭カラー・三〜九ページに付した図や表は好きな色で分かるその人の人柄と適職、相性である。

特定の色を好む人の人柄が分かってくれば、人間関係のコミュニケーション効率は一段とよくなり、人間相互の理解はより鮮明に進展するものと思われる。

以下、個別的な色彩について、その色を好む人の人柄について解説していきたい。

〈赤　red〉

一般に最も好まれる色は赤と青である。自然のままでも、意図的であっても、外向性の人びとは赤を好み、内向性の人びとは青を好む。

さて、赤を好むタイプにも差異は見られる。

なによりも赤を好む人は、関心事に対して内向せず、敢然と向かっていく。事業欲もさかんだ。男性も女性も衝動的で運動家タイプ。性的魅力にあふれ、思ったことは良くも悪くも、すぐ口をついて出る。

目だつ特徴として、感情的起伏が激しく、少しでも苦労の種があると、他人や世間のせいにする。生活は刺激的でいっそう幸福でありたいと願い、もしそうならなければ、何もかも間違っていると思いたがる。よほどの自制が必要である。

赤はまた体力、健康、生命力の色である。赤を好む人は外向性、積極性、精力旺盛で衝動的であるといったが、そうなりたいと思う人たちも赤を好む。

さらに、野心的な性格もあり、ときどきつっけんどんで無作法な態度をとる。人をとがめて一方にだけ味方する。通常は楽天的であって、単調さにはがまんできない。内省的なところがないだけに、自分の短所にはいっさい気づいていない。冷静、客観的になることはむずかしいと自分でも分かっている。

外見上もの静かに見える人でも、落ち着いた外見とは裏腹で、ほんとうは激しい感情や欲望を包み隠しているのである。

なお、赤の使いすぎは平衡失調（imbalance）の徴候である。

もしほんとうに赤が嫌いなら、かなり通俗的で欲求不満な人である。これらの人たちは過去においてなんらかの挫折を経験したことがあり、いつもあこがれがかなえられないで、恨みが重なるばかりで腹をたてている。他人がしあわせで、そのうえ成功した生活をしていることに、なぜか強く「関係がない」という。

この種の人びとは精神的な抑圧感を強く持ち、おそらく体では分からないが、心が病んでいるものとみなされる。つまり、生命力の赤を嫌う人たちは、心身ともに疲労困憊《こんぱい》していている現われである。すなわち、精力と性欲を喪失し、心身機能に不調をきたしている症状である。

〈ピンク　pink〉

ピンクを好むタイプの多くは、ディレッタント（好事家《こうずか》、しろうと評論家）的な性格を持っている。十分な教育を受け、裕福に生活している。彼らの本音は赤が好きでたまらないのに、慎重を期するたてまえから赤を選ぶ勇気がない。

ピンクは青春、上品、愛情を連想させる。仕事が激務であり、ホッとする間もない人たちはピンクの優しさを慕わしく思う。

ピンクを好む人は愛情、感情にかけてはこまやかで、よく気くばりをし、それが長所となっている。パステル調のピンクを好む人は柔和で上品。濃いピンクを好む人は赤を好む人に近く、熱烈で強靭《きようじん》な人柄である。

感情で友人を排除することはなく、大きな心で受けとめてくれる人物である。しかし当人は傷つきやすいタイプである。他人に対しては責任をとる。教育者や保護者的な立場に立つのにふさわしく、人を助け元気づけてくれる。

半面、ピンクを好む人びとは、人から守られたり特別の待遇をしてもらいたがる。積極的に愛情を求め、「愛されていて何の心配もない」という実感を非常に好む。

大部分のピンク嗜好の淑女は、他人に自分がデリケートで傷つきやすく、こわれやすいと見てもらいたいと願う。また、人の目にチャーミングで上品に見えることを願う。女性にとってピンクは恋愛、純愛の象徴である。かわいらしく見える色なので、色彩計画のアクセントとして効果がある。しかし、使いすぎは禁物。

〈マルーン　maroon〉

マルーン（栗色）を好む人びとは、本心から熱情的。逆境にいても、心の底から情熱をかき立てて向上したいという人びとが好む。このような過酷な人生経験から、おそらく好ましい寛大な人物に円熟していったのである。

生活苦で痛めつけられたとしても、ともかく立派に生き抜くタイプだ。感情を表に現わすこともなく、豊富な苦楽の経験の持ち主である。

能動的にいつも権威の座を得たいと願っているが、感情を乱されるような事態に遭遇すると、強く警戒して柔軟さを失い、怒ると移り気になってしまう。

自然のうちに、しかも比較的容易にさまざまな技能を身につける。生活を愛し、楽しいことには物惜しみしない。絶えず気くばりし、遊び、笑い、歌い、表情豊かに他人の心を癒してくれる。たえず歓待の機会を提供して、世間のだれもが好意をよせるようになる。他方、ルビーのようなマルーンは豊かな色であり、好色家が好む。一般には感性の高い人の好む色である。

〈橙《だいだい》　orange〉

橙は社会的な色といわれ、陽気で光輝く色である。橙を好む人はうらやましいほどの元気があって、貧富、賢愚、高低を問わず、どんな人にも寄り添っていくユニークな能力を持つ。さらに人なつっこく、微笑をたたえ、理解が早い。話しぶりは深遠ではないが流暢《りゅうちょう》である。ややお人好しなところがあり、社交的で、ひとりぼっちに放っておかれるのを好まない。

橙を好むタイプは未婚のままでいることがある。橙を好む人に、独身男性や独身女性が目だつ結果となる。

橙はまた奢侈《しゃし》と歓喜の色である。その華麗さは、遊び好きの人にアピールする。彼らはにぎやかな社会的行事を好み、少々オーバーな表現をする。それで、世間の人は目を見はり、彼らは人気を集めることになる。しかし、世間の注目の的となっていることに周囲の人びとが気がつかないと、ふくれっ面をする。

彼らは一見浅薄で、気まぐれで、煮えきらないところもあるが、全体的に人好きなタイプ、そのうえ愛想をふりまき、明らかにおしゃべりである。

橙を好む人は、組織化する才能や素質がある。またいつもエネルギーを一方向に注ぎ、仕事を完遂させる能力にたけている。デザインのセンスがあり、身の回りを形づくり構築することを好む。乱雑は感じが悪いと強く受けとめ、家や事務所をきちんと整理しておく。

色として橙は少しあれば訴求力がある。不活発な色彩計画には橙をアクセント・カラーに加えると、とたんに活発な感触がよみがえり、生き生きとしてくる。作業服には橙をアンズ色に薄めて多く使うとよい。

橙で身の回りを飾るとか、いつも橙しか着ないといった傾向は、その人の体が赤と黄の刺激的な性質を必要としているのである。

〈ピーチ　peach or peach pink〉

ピーチを好む人は、上品な人柄で、橙を好む人と似た行動志向タイプ。おとなしい実践派で人道主義者。他人の感情をしっかり受けとめ、頼もしく、しかも激励する力を持つ。が、ときにその優しさがかえって人の迷惑になることが多い。自分自身も感情的に自由でありたいといつも願い、好きなように行動する。

子どもたちの大好きな色であり、ピーチの魅力は成長や教育を助成する点である。

〈黄　yellow〉

黄色は心の悩みにアピールし、精神的に不安定な状態にあるとき、黄色が救いとなる。

黄色を好む人びとは、精神的に冒険好きで、つねに目新しさを求め自己実現したがっている。同時に、太陽のように明るく抜け目のない個性の持ち主も多い。古代エジプト人やマヤ人は、生きてゆく力を持つ太陽の色として黄色を崇拝した。

黄を好む人はまた、表情に富んでキラキラしているので、多くの人びとに暖かさを与える。つねにパーティの中心であり、人びとの最良の友となり、その意見は世論の中心をなす。そして、人びとのために光彩を放つ。優れたビジネス頭脳があり、企業経営を成功させる。強烈なユーモア・センスもある。

彼らはときどき責任を避けて、自由な考え方や行動をとることがある。そして、いつも賞賛されたがっている。

黄色は使いすぎると不愉快になる。暗い部屋とか、たいくつな衣服や、ある人物をぜひ明るくしたいとき、黄を利用するとよい。

自分の考えだけにとらわれたり、因襲からの脱却をはかるとき、難問で頭がくらくらするようなときは、スーツや持ち物に黄色を使うのが効果的である。

〈**黄緑**　yellow-green〉

黄緑を好む人びとは知覚力抜群。しばしば隠遁《いんとん》生活に入ることを選ぶ。しかし、「世捨て人」と見られることに、ひどく憤慨すると同時に、自分の優れた心構えと姿勢が賞賛の的となることを願う。生まれつき気が小さいところがあり、人目をいつも気にするので人と会うことは苦手とする。

黄緑を極度に嫌う人びとは、民族的・社会的偏見の持ち主であることが多い。宗教、色彩、国籍を理由に人びとを軽べつするタイプである。

〈**ミントグリーン**　mint green〉

身体と感情を冷やし、落ち着かせる色である。ミントグリーンを好む人びとは、思いのまま自分の精神力を駆使して、最高の洞察力を発揮する。謙虚である。そのためか、他人の激しい感情の表明には大いに困惑する。

自分のゴールをめざして、ひとり静かに努力する。自分の生活を少しでも向上させたいと思っている。知見を求めてとどまることがない。意思決定にかかわる二者択一は見事にやってのける。美的調和や自然主義の芸術などに強い興味を持つ。世の中を少しでもよくしようと願い、優雅にふるまい、有意義に役立つ自分を見つけようと努力する。

〈アプルグリーン apple green〉

アプルグリーンを好む人は、極端に柔順で融通がきくので、どんな人とも友達になってしまう。しかも心が広い。冒険好きである。

通常、新しいプロジェクトや新しい企業を創設し、すばやくトップに躍り出る。しかし、そこにとどまることを望まず、平凡な日常茶飯事にうんざりする。気まぐれで、興奮しやすい面がある。

最大の長所は、あらゆるものに対して積極的な関心を持つ点である。持てるものを最大限に活用して、自らを向上させ充実させることを好む。

〈緑 green〉

緑は調和とバランスの色であり、希望、回復、平和を象徴し、上品で誠実な人に好かれる色である。緑を好む人は一般に率直で、社会意識があり、道徳心を持ち、人の道を踏みはずさない。少々おしゃべりでも、しばしば非常に優れた教育者である。彼らは日ごろはかなり社交的で群居性があるが、ほんとうは田舎《いなか》の生活の静寂と平和のほうを好む。

半面、彼らは出しゃばらないし、謙虚で控えめで、しんぼう強い。洗練され育ちもよく、礼儀正しく、評判もよい。しかし、しばしば他人に利用されてしまう。また彼らは受けのよいことをたびたび行なおうとする。

緑はときには鎮静作用のある色となる。あまり多く使うと、冷たく孤立した印象を与えてしまう。

緑を嫌う人びとには、ときに精神障害が認められることがある。いささかでも緑を好まないタイプは、社会的かかわりあいに抵抗し、緑を好むタイプの人に打ち負かされてしまう。緑を嫌う人びとは、しばしば孤独な存在である。

〈青緑　blue-green〉

青緑は大洋の海の色であり、雨に濡れた樹木の色で、ソーダ水の涼しさがある。不思議なことに、青緑を好む人びとにはふたつのタイプがある。ひとつは波乱万丈の人生で、自己充足型エネルギーの持ち主。いつも希望でいっぱい、楽天的で信仰心にあつく、人を信じやすい。自分も他人もすぐに信用しきってしまう。信念以上のものを抱いている。

青緑を好む人びとのもうひとつのタイプは、平静で魅力的な人物である。彼らは感性豊かで、洗練されている。着こなしもうまい。また超然として、がまん強く着実である。私心のないやり方で、いつも喜んで他人を助ける半面、援助とか指導ははねつけてしまう。

さらに青緑という精妙な色を好む人びとのなかには、気むずかしい性質で、うぬぼれが強い人がいる。虚栄心が強まるにつれ、一定のハッキリした特色が見られる。すなわち、彼らは性的不感症（ナルシシズムに至る）で離婚するケースが多い。

〈青　blue〉

青は赤とともに多くの人に好まれる。人びとが青に引き込まれるのは、青の持つ優しい母性愛のような思いやりと気くばりが、心をなごませるからである。青は荒々しく無情な日常生活から逃避させてくれるが、他方、熟考、反省、保守主義、義務の色となっている。

青を好む人びとは不屈であるが、悪くいうと独善的である。いつも自分の考えは正しいと思っている。ときには、自分の目的や根拠をごまかす。青色好きの人は必ずしも率先者ではないが、グループに参加したがる。それに対して赤色嗜好の人は、個人で大胆に仕事や生活に立ち向かっていく。

青を好む人びとはまた、感性に優れて自制心がある。言葉、行動、服装にひどく気を使う。

他方、自己弁護とか自己正当化にずばぬけた才能があり、この才能はひとりよがりに通じるものがある。彼らはまたひときわ社交好きで、若干疑わしく思っている人とも友達になることがある。そして他人は誰でも自分と同様に、正しくまじめな生活をしていると思いたがる。がまん強いうえ根気もあるので、彼らはたいていのことは立派にやってのけるし、優れた人材である。いつも自分の仕事に良心的に専念する。

例外的に、赤を好む人びとが青を好むことがある。それは青による〝気休め〟を求めるからだ。青には穏健、休息といった性質があるからだ。

〈明るい青　light blue〉

真昼の空の色で、芸術的、創造的で、想像力の色である。明るい青を好む人は、自分の気持ちを大切にして自由に表現する。緊張をときほぐすのが下手なのに、主役になりたいと思う。美術、音楽、文学などに刺激される。問題解決に当たるときは強烈な洞察力を発揮する。

芸術の世界から企業経営にわたって、アイデア、画像、形状を創作し、いつも新しさを生み出す。ひらめきが賞賛されることがある。事業を企てて社会のニーズにこたえることを好み、新しい投機的事業や合併企業に前向きに投資する。

〈濃い青　dark blue〉

賢者の色といわれている。濃い青を好む人は、意思決定を仕事とする裁判官、社長、経営者に多く見られる。人物評価についても優れた判断をする。その知性は尊敬の的であり、立法者としても適任である。

女性は少し、いばりちらすが自立の傾向があり、男性は自己管理が抜群で他人からのアドバイスはときには受け入れない。知識と権威を好み、社会全般にわたっての教師である。大物、社長、上司と呼ばれることが多い。

〈藤色　mauve〉

〝この世の花〟ともいわれる平穏で上品な色である。モーブを好む人は、闘争より平和を志向し、感じやすく繊細で、しかも内気であるが、他人をよく指導する。職場の人気者で友人を力づけてくれる。

一方、いつも自分の感性を理解してもらいたいと願う。もしそうであるなら、もう少し青を好むようになればよい。

〈赤紫　red purple or purple〉

赤紫は華麗で重厚な色である。

赤紫を好む人びとは、ちょっと変わっていると見られても、個性的でありたいと願い、現に個性的である。

一般的に気むずかしく、才気煥発《かんぱつ》タイプで感性豊かな人物である。しかし、興奮しやすい。心が大きく、こだわらない性質で外向的な人柄である。半面、自分の真価が人に認められないとなると、超然として打ち解けない。発言すれば辛辣である。文化的志向が強く、しばしば人生について大言壮語の意見を吐く。

哲学に興味を持ち、理想についてはしきりに口数が多くなる。ところが、それらの理想の何ひとつも実行していない。地位、財産を過度に重んじて、上に媚び、下におうへいな人びともいる。

直観力に優れた女性芸術家が多い。彼女たちの首かざりやローブ、それに衣服全般に赤紫が多い。

赤紫を嫌う人びとは、虚栄心やうぬぼれを理解できない。純粋な芸術や文化のすべてを見くびってけなす。雅量がとぼしい。世俗的なものにのめり込んで、精神的なものを受け入れる余裕もない。

〈紫 violet〉

紫は直観の色である。アメシスト（amethyst ; 紫水晶）のように精神的で思慮深い色である。

紫を好む人びとは、天賦の直観力を持つ。ときに、はにかみ屋でおくびょう、世を忍んでいることもある。逆に、指導的立場にあって、威厳と高貴に満ちている人がいる。が、高度な感性がわざわいして、他人を信用することができない。仕事はいつも固い信念を持って、最後までやり抜く。

紫のもうひとつの側面は、不可思議でとらえどころがないところである。一般的に気品の高い色と見られている。

紫を好む人びとは文化的志向があり、圧倒的に芸術家に多い。他方、気どり屋とかキザなタイプもいる。一般的に感性が優れている。うぬぼれは隠せない。洗練された芸術を好み、人生をゆうゆうと楽しむことを心得ている。世間の下劣・俗悪な局面を慎重に避けて通る。紫が単に好きだという人のなかには、そのふりをして嘘をついている人もいる。教養があるかもしれないが、厚かましいだけである。

〈ラベンダー lavender〉

ラベンダーは赤紫の分派できれいな色である。なぜか使いすぎると冷たく見え、不快感を与える。

ラベンダーを好む女性には、うぬぼれの強い女性、お高くとまる女性が見られる。高い生活水準を維持し、うすぎたなく、みすぼらしいものにけっして目もくれない。一方、女のなかの女ともいうべき非の打ちどころのない女性で、着こなしが美しい人が多い。生活のなかでも洗練されたものを求め、高尚な主義・主張を持つ文化を探究し続ける。自らの手をよごしたくない、俗悪なものに巻き込まれたくないという姿勢を保つ。

男性は全般的に、ちょっぴり気どり屋で、つねにチャーミングでありたいと願う。才気縦横で機知に富み、洗練された人品のよさは生まれつきのものである。芸術を愛好し、芸術家の資質もある。幻想の世界に生きようとする傾向を秘め、自分だけでも生き延びようという本能はそっと隠しておく。

創作家の場合、いろいろなデザインを手がけ、すばらしい作品をつくる。異国趣味の服飾デザイナーはその典型である。生活様式については、つねに高いレベルにあこがれる。

〈茶　brown〉

茶色は土の色である。茶色は不屈で頼もしく見える。

茶色を好む人は、物事を岩のようにがっちり受けとめ、他人を力づける。堅実な精神がモットーで、「私にまかせなさい」が口ぐせである。危険などから身を守る才能があり、あらゆる雑事を秩序正しくととのえる。おおげさにしたり、気どったりすることもなく、〝正直〟が人徳となっている。

自分のことをうまく言い表わすことができない、はにかみ屋が多く、温かい心の持ち主で、いつも弱者を助けようとする。それでも人には話を聞いてもらいたいと願う。

農業をはじめ自然界と親密な職種が多い。手を使って働くことが大好き。感情に走ることもなく、安定した心情の持ち主。気転がきくとはいえないが、責任感が強く、だれもがいやがる仕事でも進んでやりとげる。そんなところが他人からあてにされる。

スタミナ（精力）も忍耐力もある。自分の財産管理に非常に慎重で、投機に走らない。

〈黒　black〉

黒は死や絶望の色であり、他方、永遠と神秘の色である。

黒を好む人びとは神秘的な印象、また高貴や威厳を漂わせてみたいと願っている。が、黒は着る人によって、荘厳にもみすぼらしくも見える。片思いの人は、好んで黒を着たがる。

男性支配の国々では、女性のほとんどが黒を着る。それは男性に守ってもらいたいためであり、妻や母の役割をはたすために、自分の個性を黒で閉じ込めようとするからである。

黒を好む人びとは人を動かす才覚もあり力強いが、やや明るさと率直さに欠ける。他人と区別するために黒を使い、かかわりあわないことを願い、自分の世界にひとりで閉じこもりがちである。しかし、権威あるイメージ、他人に有無をいわせぬイメージを与えようともする。

〈白　white〉

白は冷たく感情もなく不毛の色。

白は純粋、無邪気、純真を象徴する。青春とフレッシュな印象を強調する。白いドレスはフレッシュな印象で魅力的だ。若い女性が若さを表現するには白が最適。白は普遍的でかつ新鮮である。

白を好む人びとは、円熟さにほど遠く、つねに完全をめざし、気高い理想を抱いて努力するタイプ。また、失われた青春を取り戻したいと願うタイプである。そういう人にとっては、生活のすべてにおいて、白は欠かせない。

一部の人はうぬぼれ屋で、同時に孤独なふりをする。人の目にとまり、羨望の的になりたがっている。世間では孤独な人というが、実際はきわめて家族思いで、家庭的な人柄である。

白はどんな色と組み合わせても調和し、活気に満ちた健康的な印象を与えてくれる。

〈灰色　gray〉

灰色は黒と白の混色で、用心と妥協の色だ。自分のエネルギーを消耗することもなく、心の平和を探し求める色である。

灰色を好む人びとは、物事に慎重で、つねにまじめで、バランスを保ち、分別《ふんべつ》があって洗練された人柄。控えめに人の役に立ちたいと願う。

興奮や俗事をはねのけ、デリケートな神経の持ち主で、報酬を望まず懸命に尽くしてくれる。浮き沈みが少なく、バランスを保って生活を乗り切る。しばしば優れた経営能力があり、オーバーワークになりがちである。

灰色を好む若い人びとは、現実の生活から目をそらし、価値あるものを放棄して、洞察力をにぶらせ個性を抑制してしまう。受け身でエネルギーがない。エネルギーがないのでストレスがあるように見える。ひとたび決意すれば、湧きでるような気持ちになり、灰色から脱却して、カラーフルな色はすべて自分のものになり、輝くことができる。休暇をとって自分を回復させ、自分にとって新しい笑いと感性を発見するのである。灰色は忘れて、楽観的に太陽と海の色を取り入れるとよい。

他方、灰色を嫌う人びとは、灰色に無関心なのではなく、変化にとぼしい生活に少々うんざりしているか、自分の平凡な感情にあきあきしている場合である。あたかも灰色の監獄のような環境から逃れたいという熱望を抱くのに似ている。

快楽主義の生活を夢見る人びとは灰色を嫌う。

〈銀色　silver〉

銀色を好む人びとは、例外なく自分の価値は高いと思い込んでいる。騎士のように他人を助ける。うしろだてとなり他人を守りたがる。貧富にかかわらずロマンチックである。

友人とすれば、最高の人物・信頼できる人柄である。みずから手を差しのべるよりは、自分のところへ頼ってくるほうを好む。つねに世間の注目の的となりたがる。

職業としては司法官や弁護士が適任。

〈金色 gold〉

金色は富の色である。金色を好む人びとは金のように至高の理想を抱き、おおらかな人徳の持ち主。他人に対して強力な保護者となってくれる。

いつも花形、大立て者をめざし、それ以外は眼中にない。威厳と浪費を好み、破滅の原因はいつも途方もない夢である。夢が打ち砕かれると、それまでの外向的性格は一変して内向に転じ、自分を必要以上に責め立ててしまう。

金色を好む人のなかには、世間では気まぐれと思われている人もいるが、高い識見と誇りを持つ。気持ちがほぐれると指導者としての力を発揮し、トップを自覚し、未来の夢を描くこともでき、みんなの期待にこたえるのである。

2 色をして語らしめよ

カラー・コミュニケーション

カラー・コミュニケーションとは言葉、単語、会話によらず、色彩のサイン、シグナルでメッセージを伝える相互作用である。サイン、シグナル、メッセージを伝える色彩観念は、広く人びとに共通して作用する。

たとえば、企業経営の意思決定にかかわる重役会に、取締役四人の男性と二人の女性が出席したとしよう。服の色は一人がネイビーブルー（navy blue；暗い青で紺色または鉄紺）、二人がグレー、一人はベージュ色、残る二人が赤であった。客観的な議決を求められる席上で、赤は主観的で感情的反応を起こすシグナルとなって、他の人びとの意思決定を散漫にしてしまう。重要な会議では、出席者の服の色は控えめにする心遣いが必要である。

次に、黄色は実際よりも大きく見せる色であり、コミュニケーションもうまくいく。登校拒否の「はにかみや」の子どもに、黄色のシャツを着せたところ、早くもそのはににかみがなくなり、それ以来、黄色が大好きになり内気を克服した。黄色はコミュニケーションがうまくいく色、それにたくさんの友達ができる色である。

一般に、一番好かれる色は青である。文化がテクノロジー志向になれば、それだけ人びとは青に飛びつく。なぜか？　青は理論的・実践的なシグナルである。青は左脳の色で、感情でなく知能のしるしであり、青のメッセージはいつも意識にはたらきかけ、感情を落ち着かせる。

青は企業経営を強く支持する色だが、個人にとっては、あまり使いすぎるとマイナスの作用となる。働く人たちの心身に消極性をまねく。たとえば、リビドー（libido ：原始的衝動から誘発されるあらゆる本能的なエネルギーと欲望をいう。例：性的衝動）は低下し、体のエネルギーも低減する。

とりわけ、財務、会計、コンピュータ、秘書といった細かな神経を要する人びとには、青はよくない。青は余計な神経を使わせ、疲れやすく消耗させてしまう。ところが、同じ青でも例外がある。ネイビーブルーはわるくない。ネイビーブルーは青の暗色（shade ：ある色に黒が混ざってできる色）で着る人も見る人も落ち着かせ、仕事を効率よく運び、エネルギーも維持してくれる。

中間色上手になろう

優れたコミュニケーションをはかるには中間色がよい。鮮明な原色をアクセントにベーシック・カラーは中間色を使うと効果的。たとえば、ベーシック・カラーがベージュ色なら、黄がアクセントになる。

私たちはまた、身につける色で自分が何を必要としているかを表現する。たとえば、赤を着ている人は新しい愛を求めているか、体の耐久力の回復をはかっている。色を身につける前に、何を欲しているか自分に聞いてみてもよい。本当のところ何を望んでその色を着るのか？　なぜ特定の色をひんぱんに着るのか？

ある色への熱望は、言葉では表わせないメッセージを伝える。たとえば、時間やエネルギーいっぱいで奮闘しすぎると、グレーを着たくなる。どんな心理状態で、またどのような願望があるかで、着用する服などの色がきまってくるのだ。その典型が巻頭カラー・一〇～一五ページの表にまとめられている。

自分色（identity color）を発見するために利用していただきたい。

Ⅲ 快適生活の色彩術

1 太陽光が健康をつくる

都市の死角

現在の東京などのように、絶えず、重苦しくスモッグがたれこめるようになっては、スモッグ地域特有の色彩嗜好も現われてくる。日照率が低い曇った日々、霧につつまれた日々にはパレット効果（一九七ページ参照）を求め、中間色や灰色がかった色が好まれ、北欧系の色彩嗜好に移りつつある。

太陽に向かって息づく窓にさえブラインドをおろし、対比刺激を避けて、蛍光灯の照明で仕事をしている。もやしのような人間の住む家は、その対比刺激の少ない、中間色のインテリア・カラーに傾斜して当然ともいえる。

イヌイット（Inuit）の女性は、北極圏の六カ月も続く長い夜を通じて、月経期間が閉止し、これに対して、イヌイットの男性は、都合のよいことに、性的衝動が静止するという。

それゆえ、イヌイットでは夫婦生活を〝笑う〟と表現するが、長い夜は〝笑う〟ことはない。これなどは、太陽光線欠乏の極端な例で、紫外線の不足が原因なのだ。これは人間の冬眠の一形態だといわれている。

アラスカから北極圏ベーリング海にかけて、旅行した宮武辰夫氏の報告によれば、「イヌイットの村に着いたとき、子どもたちにおみやげとしてクレヨンをくばった。これが日本の子どもだったら、ふつう好むのは赤い色である。ところが、イヌイットの子どもたちが、むさぼるようににぎり合い、奪い合ったのが、なんと緑のクレヨンだった」といっている。

周囲が白一色のイグルー（氷の家）の中で、これはなんとも印象的な光景である。

まさに北極圏の最たる民族として、イヌイットの短波長に鋭敏な緑色視細胞の優越を裏書きするエピソードである。

紫外線の効用

北欧系のブロンドはラテン系のブルネットよりも、ずっと紫外線に反応しやすくなっている。このような太陽光線の欠乏は、ひいては、ビタミンDの欠乏症になる。ビタミンDは紫外線によって生成するが、紫外線はまた、私たちの生体に化学的変化をひき起こし、病原菌を破壊する。

この紫外線によって、私たちの皮膚は日焼けするが、これも程度問題で、度が過ぎると有害で、皮膚癌《がん》の一因となる。

何よりも太陽光線

最近の高層建築は、ほとんど窓からの採光を考えていない。デパートやオフィスはすべて人工照明に頼りきっている。その目的が公共的施設として設定されるかぎり、採光は経済的にも、空間的にも無理な注文かもしれない。しかし、住まいとしての家は、なんといっても陽だまりを無視はできない。

正常な状態で考察すれば、人間はものを見るために、また、生体を保護するために光を必要とする。いずれの場合も、それほどたくさんの光を必要とするわけではない。

目の網膜は視覚に関係のない神経末端をもふくんでいる。それは明るさに反応して、酵素やホルモンといった物質の分泌を、促進したり、抑制したりする。つまり目は生体の成長、生殖、そして外界に対する生体の保護などを行なっていることになる。

私たちは目で物を見るだけでなく、皮膚でも見ている。皮膚呼吸があるように、皮膚は光と色を見つめる。被験者に目隠しして着衣のままに、右背後から光を照射すると、光の照射する右方向へ姿勢が傾く。日焼けも光へのメラニン生成の反応である。

イギリスの看護婦、F・ナイチンゲールは、日光が健康に重要であるとして、病室に日光を入れるよう主張した。彼女はイタリアのフィレンツェに生まれ、イギリスの田舎で郷紳士《カントリー・ジェントルマン》の娘として育ったのだが、その後、ロンドンの淑女病院の看護婦長となり、クリミア戦争で従軍看護婦として超人的に活躍し、ナイチンゲール賞のもとになった。

イタリアに、「太陽の入ってこないところに、医者が入ってくる」という諺《ことわざ》がある。健康な生活のため、インテリアを考えるに際しては、何よりもまず太陽光線を取り入れることだ。そのため、窓、開口部の設計は非常に大切となる。

また、目から入ってくる太陽光線は、視力のためだけでなく、脳の下垂体《かすいたい》、松果体《しょうかたい》のはたらきや、視床下部《ししょうかぶ》一帯のはたらきを刺激する事実が明らかになっている。

下垂体、松果体、さらに視床下部一帯は、内分泌系およびホルモンの生成をコントロールしている。このように、光エネルギーは植物に及ぼすのと同じように、人間の生体の生理作用にも大きく影響を及ぼしている。

家禽産業では、ニワトリの目に光を当てると、光が下垂体を刺激して、卵をたくさん産むことが分かっている。ニワトリにかぎらず他の動物や人間においても、下垂体は腺系統全体にかかわっている。目から受け入れる光だけで、腺系統全体が影響を受け、腺のはたらきは加減されている。光と生体は密接にリンクしている。この機構こそ、まさに若返りのひとつのファクターになると、提唱している学者も多い。

おそらく、内分泌腺のすべては、老化のドラマと密接に関連しているのだ。それゆえ、すべての老化現象は、いくつかの腺の衰弱からくる症状と結びついている。老化が進むにつれて、内分泌腺が萎縮し消耗する。老化で主として影響を受ける腺は、甲状腺、下垂体、副腎、それに性腺である。しかも、これらは光と紫外線によって、最も影響されやすい。

したがって適度の太陽光線の恩恵で、全体の容姿はずっと若々しくなり、太った人は、体重がかなり減少し、逆に、やせた人は増加する。これらの反応は、いずれも内分泌腺が活発化したことの現われといえよう。

光を入れるとヤル気も倍増

労働者の血液から副腎のはたらきをテストした。副腎のはたらきが減少したとき、筋力も低下した。副腎は光、とくに紫外線の影響を大きく受けることが判明している。当然、弱くなった冬の紫外線は副腎への刺激を少なくするだけではなく、筋力が弱まって、ヤル気がなくなり、疲ればかりが増大することが立証された。

さらにテストするため、医療管理のもとで紫外線の装置が取りつけられた。その結果、生産量は安定し、労働者の血糖値は各シーズンともほとんど正常になった。冬の弱い光は筋肉のスタミナ（持久力）にマイナスとなるし、生産の能率も低下させる。たしかに、太陽光線は筋肉を正常にはたらかせ、その活力に大きく関係するのである。

現在、多くの人びとは閉ざされた建物、事務所、住居、さらにバスや乗用車および、窓や壁などのガラスの内側で、大部分の時間をすごしている。そのうえ、メガネやサングラスをかける。これらの遮蔽《しゃへい》物は、目を通して腺系統へはたらきかける自然光をシャット・アウトしている。その結果はどうなるのだろう。

日光がカゼを治す

色彩研究者であるJ・N・オットは、偶然にも自分の体験からある発見をした。彼は長い間、関節炎で苦しんでいた。杖で歩くことはできたが、医者は歩行用の副木《そえぎ》をすすめた。ここで注目すべきことは、彼を助けることになったフロリダの日光である。彼は明るい日差しから目を守るため、慎重にサングラスをかけ、太陽を吸収し、浜辺で数時間過ごすのが常であった。しかし、彼の関節炎にはなんの変化も現われなかった。ある日のこと、彼は自分のサングラスを壊してしまい、その二、三日後、彼は劇的な変化を経験する。

サングラスなしで、そのまま戸外で長時間過ごしたところ、彼は関節炎の症状が好転していることにふと気づいた。その喜びはたとえようもなかった。杖を捨て去り、視力も好転した。喉頭炎にもカゼにも、めったにかからないようになった。

この方法を彼の友人たちも信奉した。歯ぐきの出血から滑液嚢炎《かつえきのうえん》に至るまで、いろいろな病の治癒例を彼のもとに報告してきた。

普通の窓ガラス、メガネ、自動車の風防ガラスも、長時間を過ごすなら、実際のところ健康によくない。自然光の日光が、そのまま入射するハウス栽培のように、全スペクトルを透過する窓が、インテリアにはぜひ必要だ。

2　和室はストレスの解消に最適

色彩調和の分類

十九世紀のフランスの化学者M・E・シュブルールは、補色、補色分割、三色調和の体系を確立し、それは今日なお芸術教育で教えられている。ローゼンシュティール（一九一三〜）やボードノ（一九四〇〜）は調和の法則を提唱し、また、P・ムーンならびにD・E・スペンサーは「色彩の秩序的配列では二色間の間隔があいまいでない場合、快い色彩の組み合わせが得られる」と主張している。

このように色彩調和についてはさまざまな法則が見うけられる。往々にして調和の法則は誤解や混乱を招く。そこで、筆者の主唱する基本となる四方式を次に挙げ、住まいを例に調和を示した。これらは法則というよりは、面積配分による快い芸術的な効果を生む。

〈単色調和〉

色味のある赤や緑などの有彩色一色と、黒、灰色、白などの無彩色一色との組み合わせを単色調和という。

たとえば住まいの色彩では、赤と白を組み合わせることはないが、ベージュ色と白、わさび色と白が多い。ベージュ色やわさび色は精妙な中間色で、白によっていっそう美しさを増す。パステルカラーはすべて白が「かくし味」となって、美しいニュアンス（nuance：微妙なあや）をかもしだす。赤や緑の純色は私たちの体（body）に生理学的にはたらきかけるが、赤のパステルトーンであるピンクや緑の薄いオパールグリーンは弱められたトーンで、私たちの心（mind）に作用する。

「彼女の服装のセンスはいいネ！」というときは、おおかたパステルカラーを着こなしている場合が多い。

〈同系色調和〉

同系色の濃淡だけで、調和をはかる方法である。

ベージュ色の壁面に茶色のドアや同系色の木質のドアなどの組み合わせは、悩まないで容易にまとまる。それだけに住まいの色彩としては平面的になるので、やはり白が

「かくし味」になる。白い回り縁、白い目地など、線を配しただけで、同系色調和がイキイキしてくる。

〈類似色調和〉

有彩色一色と、その有彩色をふくんだ一色との組み合わせをいう。ベージュ色にクリーム色が調和する。それはベージュ色に黄色がふくまれているからである。たとえば、焦茶と橙、水色とすみれ色、ピンクとラベンダーなどが類似色調和である。

類似色は、住まいのなかでは、住宅部品の色をワンポイントにして、全体のコーディネートをはかる場合に利用される。たとえば、ラベンダーのカーテンにコーラルピンクのランプシェード、淡水色のカーテンにラベンダーのベッドスプレッドなど。類似色二色の調和にも「かくし味」として白が登場する。

〈補色調和〉

赤と緑、黄と紫、紺と橙、黒と白は互いに補色（反対色）関係。補色二色をそのまま持ちこむと「ドギック」なる。赤をじっと見つめたあと白い紙を見ると、白い紙にパステル調のオパールグリーンが現われる。残像で白い紙の上に見えたオパールグリーンを生理的補色という。実は、赤に対してこの淡い緑が調和するのである。

補色の一方の色は、パステル調にすること。また、補色二色がパステル調でもよい。たとえばスプレーグリーン（JIS 色記号 5.0BG 8.0/1.5）の淡い青味緑の壁面に対して、小物の赤は抜群のアクセント・カラーになる。白い壁に対して白に近い灰色は美しく上品に調和する。

以上の四とおりの色彩調和がコーディネートされると、住まいの空間に美しいハーモニーが作り出される。

目は無意識に色を単純化する

白紙を明るいところで見て、次に暗いところで見た場合、紙面から目に入る光量は著しく異なっても、白さの感じはあまり変わらない。照明の差があっても白さが変わらない現象を、色彩の恒常（明るさの恒常または白さの恒常ともいう）という。

動物実験で、ひよこに白い米だけを食べるよう訓練。色のついた米を無視するように慣らした。色光照明で白い米、普通の照明で色つきの米を与えたが、ひよこは色彩光線（白い米は当然色光照明で色つき米に見えている）でも、白い米を白（白さの恒常）と知覚し、ついばんだ。

私たちの恒常現象とは、物が知覚される際、その物から感覚器官に送られてくる刺激はその時々の条件で著しく異なるが、それにもかかわらず、いつもほぼ同じものとして知覚する傾向をいう。色彩の恒常のほかに、大きさ、形、見える速さ、位置、音それぞれに恒常現象がある。

私たちの目は無意識のうちに、色彩や形態を単純化して見てとろうとする。たとえば、複雑な紋織や模様を使った多彩色のカーテンも、ひとつひとつの色彩を見るのではなく、ひと目見て、全体としてベージュっぽいカーテンと受けとめる。不規則な形態や歪んだ輪郭は、私たちの目の網膜では、残像としてハッキリと規則的な形態や輪郭となって見えている。

ル・コルビュジェ（Le Corbusier ; スイス生まれの建築家・画家）は「基本的な形態は美しい。なぜならそれらはハッキリと鑑賞することができるから」といっている。

人との親和力が抜群の和室

「和室はストレスを解消しますか？」

そのとおり。心と体の安らぎを得る場として、和室は最適である。これをひと言でい

■色彩調和の面積効果

（　）内は JIS 色記号

日本人の色彩観	色を……	みるための	……色	適当する部屋
色彩調和とその配分率	アクセント・カラー 5％	サブ・カラー 25％	ベーシック・カラー 70％	
単色調和	純　色	白	ベージュ色、わさび色 生成り色（素材の色）	和室とその構成
	小物、置物、和服姿	障子、襖紙	天井、壁面、畳、収納、木部	
	純　色	スプレー・グリーン (5.0BG 8.0/1.5) ベージュ色 (10.0YR 8.0/2)	白 か オフ・ホワイト	洋　間
	小物、置物	カーテン（白いレースのカーテンと二重に）カーペットはやや濃い色にする	天井、壁面	
同系色調和	若竹色 (9.0G 7.0/3.5)	※スマルト（紫味青）(6.0PB 4.0/7.5) ※あじさい青	白 か オフ・ホワイト	寝　室
	小物、置物	カーテンかカーペット	天井、壁面	
	※純色の赤、橙、黄の一つ	生成り色（白木の色）、アイボリー ※ライトアプリコット (4.0YR 8.5/6)	白 か アイボリー	食　堂
	生花か ランプシェード	テーブルクロス、ナプキン、食卓、食器棚	天井、壁面	
	黄	白	クリーム色 (5.0Y 9.0/3)	浴　室
	小　物	天　井	タイルやバスタブ	
類似色調和	※赤、橙、黄	ピンク か クリーム色	白	育児室
	玩具の色	寝　具	天井、壁面	
	※ラベンダー (9.0PB 7.0/6)	淡水色 (5.0B 8.0/3)	白	化粧室
	ワンポイント	カーテン	天井・壁面	
	オパール・グリーン (4.0G 8.5/2.5)	※パステル・ブルー (6.0PB 6.5/4.5) 模様としてピンク	白木の色 白（天井） アイボリー	勉強室
	ワンポイント	カーテン	天井、壁面	
	※黄	鳥の子色 (5.0Y 9.0/1.5)	※アイボリー (8.0YR 9.0/1.5)	トイレ
	タオル	ドア、付属品	便器、洗面、タオル	
補色調和	※ライトアプリコット (4.0YR 8.5/6)	スプレーグリーン (5.0BG 8.0/1.5) 生成り色（白木の色）	白	台　所
	ワンポイント	台所備品	天井、食器棚、冷蔵庫、壁面	

※〈寝室〉スマルトやあじさい青のカーテンは青のシグナルが眠りにさそう。

※〈食堂〉ライトアプリコットは食欲を増進させる。赤・橙・黄は自律神経を活性化し、消化作用を促進する。

※〈育児室〉青・緑・紫・黒を新生児は嫌うので禁物。黄、白、ピンク、赤、橙の順位で新生児は好む。

※〈化粧室〉ラベンダーはカラー・シグナルとして女性を美しくする力をもつ。

※〈勉強室〉パステルブルーは新陳代謝を活発にし、集中力を高める。

※〈トイレ〉黄色いタオルを見つめると便秘が治る。青いタオルは下痢止めになる。したがって、トイレに青いタオル、青いタイル貼り、青い便器は禁物。アイボリーが最適。白い便器やタオルは冷たくきたなく見える。

※〈台所〉はライトアプリコットが理想の色、赤紫は禁物。

うと、ベージュ系の色でまとまっているからで、この色がストレス解消に役立つ。

住まいの壁面は床面のほぼ三倍の面積。大きい面積には最も弱い色を使うこと！ という原則がある。

壁の色がまばゆくなれば、住む人の肌色は陰気に黒ずみ、気分まで落ちこむ。かといって周囲が暗すぎるのも禁物である。

和室の視空間七〇パーセントを占める面積は、ヒキノの柱、畳表、壁面（ベージュ色かわさび色）、桐たんす、そして、スギの天井などで構成されており、それらの反射率はピッタリ五〇パーセントで、住む人の肌色も五〇パーセントだから、よくなじむ仕組みになっている。反射率五〇パーセントは色彩調節の黄金律である。

さらに、和室のヒノキ、スギといった木材は細胞でできている生物質である。水との親和性が大きく、外気の温湿度によって、細胞膜はある一定の水分を保つ。この状態を平衡含水率という。

日本の外気では平衡含水率は一三〜一八パーセントぐらいである。暖房の効いた室内では五〜一〇パーセントぐらい。細胞膜の吸湿力にも限度があって、木材の繊維飽和点（最大限吸湿の含水率）は約二八パーセントといわれる。梅雨時のじめじめは、この数値に近く、除湿・換気が必要だ。

木が根から吸い上げる水は、細胞を通って梢《こずえ》の先端に達する。ところがひとたび伐り倒すとこんどは水が漏らなくなる。この秘密は細胞膜が本来、水を通さない性質を持っているからである。根から水を吸い上げるため、細胞膜には多数の孔《あな》があいていて、それぞれの孔にバルブがついている。水を通す必要がなくなると、バルブは閉じられてしまう。絹や木綿、羊毛にもこれと似たはたらきがある。

ヒノキ、スギなどは水を通す導管でも、不要になれば分泌物でバルブをしめてしまう。まさに、木材は呼吸する材料であり、住む人との親和力は抜群といえる。

和室の用材は、すべてといってよいほど針葉樹材である。広葉樹材は例外とされている。針葉樹の代表はヒノキ、スギであり、ヒノキの香りはまた格別の魅力である。これら新しい白木《しらき》の肌を愛《め》でるだけでなく、時が経ち、やがて灰色にくすんで見える木肌を「寂《さび》」といって別な審美眼でいつくしむ。

日本人の感性は、木肌で磨かれてきた。侘《わ》びは、茶道・俳句に見る質素な風情《ふぜい》と枯淡の美をいい、寂は閑寂な風趣をいい、古びて趣の深い美しさをいう。芭蕉の俳諧の理念といわれ、枯淡、自然、余情、余韻に通じる。侘び、寂はまた計算されない美しさともいわれ、その調和の粋は、反射率五〇パーセントの捨て色（色を見るための色）に帰結する。女性の和服姿の美しさは、捨て色の背景によるものにほかならない。

日本人の肌色とヒノキの木肌の色は、同系色調和である。同系色がなぜ心地良いのかは、遠い祖先から受け継がれた人間本能——すなわち、敵の襲撃から身を守ることができる——という安心感に根ざしたものである。

和室特有の色彩がストレスをなくしてくれる

さて、私たちの体はどうなっているのか？　私たちの皮膚が皮膚呼吸をしているように、ヒノキやスギ以上に、光や色に対して放射エネルギー感覚を持つ。すなわち、光や色によって筋肉反応を起こす。この反応の度合いを専門的にライト・トーナス（光や色に対する筋肉組織の緊張度）ということはすでに述べた。

ヒノキ、スギといった木材の色は、肌色でしかも呼吸する材料で、親和性があるため、筋肉を一番弛緩させる色である。和室全体から目に飛びこんでくる色は、ベージュ色であり、この筋肉反応を測定すると23を示し、正常値と同一である。

ベージュ色は弱められた中間色であり、他のパステルカラーもやはり正常値を示す。ハッキリした色では、青が24、緑が28で、ここまでは私たちの緊張をときほぐしてくれる。しかし、黄が30、橙が35、赤になると42で緊張は最大値に達する。

部屋全体で、黄、橙、赤、のいずれかが大きい面積を占めると緊張度は高まり、スト

■建材と外装材の反射率

ペイント（白）	新しいもの	75%
雪	新しいもの	74
しっくい（白）	つや消し	70
雪	古いもの	64
マツ		61
石膏ボード		60
ペイント（白）	古いもの	55
コンクリート		55
ヒノキ		53
スギ		50
レンガ（淡い褐色）		48
ポプラ		47
コンクリート（塗装していない）		45
大理石（白）		45
畳		40
レンガ（濃い褐色）		40
花崗岩		40
レンガ（黄）		35
レンガ（赤）		32
レンガ（濃い赤の上塗り）		30
セメント		27
草木		25
あお石（建築用の青灰色）、砂岩		18
砕石		18
ローズウッド		17
舗道		17
亜鉛板（塗装していない）		16
バラス		13
マホガニー		9
スレート（濃い粘土色）		8
土		7
アスファルト（汚れていない）		7
草（濃い緑）		6

レスを強いることになる。

次ページのようにこれらの測定値をまとめると、青や緑といった寒色系は、筋肉を弛緩させ、橙や赤のような暖色系は、筋肉を緊張させることが分かる。そして、ベージュ色のような柔らかい中間色は、寒色系よりもっと弛緩させてくれる。筋肉が弛緩するというのは、精神的にもリラックスしていることを意味し、和室の木材がストレス解消に役立つのである。

アメリカのペンシルベニア大学で興味深い研究が行なわれた。ベージュ色を選んで身につける学生は自信に満ちあふれ、成績もよく、他方、極端にさえた色や明るい色、また極端に暗い色を選ぶ学生は、自信のない性格で、成績もふるわないことをつきとめている。

大きな面積に彩度の高い赤や青は使えない。

和室の視空間七〇パーセントを占めるベージュ色は気持ちを落ち着かせ、リラックスさせ、さらには長生きする住まいの条件を満たして、余りあるものがある。

襖、障子の白も呼吸する

壁の黄聚楽《きじゅらく》(ベージュ色)やうぐいす(わさび色)も明るい色で、畳も三年に一度は

■インテリア・カラーのライト・トーナス（筋緊張度）測定値

色相	測定値	反応
正　常	23	弛緩
ベージュ色、パステルカラー	23	
青	24	
緑	28	
黄	30	緊張・興奮
橙	35	
赤	42	

（注）測定値が低いほど筋緊張度は弛緩し、高いほど緊張し、興奮する。

■和室の色彩面積の効果

日本人の色彩観	色を……	みるための	……色
和室の色彩面積の配分率	アクセント・カラー 5%	サブ・カラー 25%	ベーシック・カラー 70%
和室の色相	純色 補色	無彩色の白	捨て色 （反射率50%） 肌色と同系色のベージュ色、生成り色、らくだ色、茶色、緑色系はわさび色、聚楽のうぐいす色
和室の構成	小物、置物、和服姿	障子紙、襖紙	天井、壁面、畳、収納、木部

表《おもて》を替えて明るくすること。障子の紙はいつも真っ白に、襖《ふすま》は白かオフホワイト（白に近い色）をすすめる。

和室の天井の高さは、昔なら九尺（二メートル七十センチ）。今日でも天井が高ければ高いほど、大人物が育つといわれる。

表面色としては、白がすべての光と色を反射し、黒はそれらのすべてを吸収する。ところが布地のように光を通すフィルターのようなものでは、まったく逆になる。つまり、白い布や紙は薄いと、すべての光と色を伝え、黒は逆にすべての光と色を吸収してしまい、同時に光をシャットアウトする。

和室の障子や襖の役割は大きい。これらの面積は、和室全体の視空間の二五パーセントを占め、そのなかでも障子は次のようなはたらきをする。

①日光のすべての光と色を室内に伝えるので、体が健康になる。
②室温が外より高まると熱を外へ放出し、その逆の作用もある。夏涼しく冬暖かく保つ。
③湿度についても前項と同様。
④空気を濾過《ろか》する。外気が障子紙を通って室内に入るとき、タール色素や排ガスの微粒子であるニトロ化合物などの発癌《はつがん》物質を吸着する。住宅地でさえ、半年たった障子紙

を水に浸すと、水が真っ黒になる。

⑤強い光をやわらげ、均斉度のある明るさを提供する。

このように、白い障子は日本人の健康によい影響を及ぼす。たとえば、光を通さない黒い衣服ばかり着ている女性は、肌がしなびてくるのが目に見えて分かる。また、真っ白い衣服や下着を二日間着ただけで、どんな人でもカゼが治ってしまう。白い下着はいうまでもなく健康によい。

ビジネスマンの多くは、真っ白いワイシャツを着る。和室の天井、柱、畳いずれも呼吸する材料で、さらに襖、障子も呼吸する白で、私たちをリラックスさせる。

3　色のパワーをこう生かせ

白熱電球は立体的で活性化

照明は白熱電球が理想。くつろぎの空間に蛍光灯は避けたほうがよい。家族団欒《だんらん》の居間では、白熱電球だけでなごやかな雰囲気をつくり、ときに笑いを喚起してくれる。

アクセント・カラー五パーセントは、目のさめるような純色を使ってよい。面積が小さいから、かえって小気味よいワンポイント効果を発揮する。全体のベージュ色、それに白が対比して生気を添える。生活空間のリズムを、視空間のなかの五パーセントの小さな面積が作り出す。場所は一カ所に限定するものではない。五パーセントがそれぞれ、床の間の花、花瓶、和服姿の女性の合計であればよい。

アクセント・カラーには、補色、純色、さらに無彩色も役立ち、採用してもよい。和室の昼間は、障子を通して自然の光と色を取り入れるが、夜は照明に頼らざるをえない。その際、蛍光灯は禁物！　白熱電球を用いることをすすめる。白熱電球のほうが、和室のヒノキ、スギなどをひき立て、住む人の心と体を活性化する。

谷崎潤一郎著の『陰翳礼讃《いんえいらいさん》』（中公文庫）には、「清楚な木材と清楚な壁とを以て……凹んだ空間を仕切り、そこへ引き入れられた光線が凹みの此処彼処《ここかしこ》へ朦朧《もうろう》たる隈《くま》を生むようにする」と、日本家屋の美を述べている。そして、その隈（暗がり）を西洋人は東洋の神秘と感じている、とも指摘している。この陰翳の主役は白熱電球である。

私たち人間は、すべてほかの〝生きもの〟と同様に、前述のように光や色の放射エネルギーを感じ取る感覚を持つ。この感覚は視覚とはまったく別で、光や色の存在は視覚障害者にも分かる。

アメリカのA・メッガーの実験では、目かくしした目の片方側に光を当て、ライト・トーナスを調べてみると、光を当てた目の側の体に変化が生じ、光の変化につれて、その反応がまた変化することが立証された。室内の色とともに、光の種類も住む人に大きい影響を及ぼすのである。

夜の照明にはなぜ白熱電球が最適かというと、すべての物体を立体的に見せ、陰翳も生じてくるからである。反対に、蛍光灯は蛍光物質で明るく見せるだけで、平面的な照明にとどまる。

五パーセントの視空間は、絵画、掛軸、花瓶、人形、座卓、座ぶとん、照明のかさなど、それらのいずれかで、フレッシュな色を付加することで生きてくる。

居間が洋間の場合、天井は白ときまっている。仮に黒の天井なら見た目に二十センチも低く感じる。壁は白の漆喰《しっくい》が最高。漆喰の中に「かくし味」として、貝殻の粉末を混入すれば、まばゆい白でなくやさしい白になる。

白い部屋が美人をつくる

白を背景にすると、レトロ調の調度品や家具がかえって美しく映える。さらに不思議なことは、白の漆喰壁の洋間で暮らす女性は美人になる。白さが自分の顔色や姿をひき立て、内分泌をうながし若返らせる。

そのためには、ぜひ等身大が映せる姿見（鏡）を備えておくといい。白い壁と鏡は健康なナルシシズム（narcissism；自己愛、ギリシャ神話のなかでナルシソス Narcissus が自分の美しい姿が水に映るのに魅せられて、水仙と化したという物語に由来する）を高揚する。女性はすべて自分の容貌に自己愛を持っている。自己愛が生ずると、本当の恋愛の場合と同様に、趣味が高尚に、情緒が豊かに、見聞が新鮮に、性質がなごやかに、心身ともに一段と女らしくなる。

また、白い壁の洋間は、女性のスポーツ意欲を駆り立てる。環境が明るいと、精神的思考より身体的活動を触発し、人間の皮膚は明るさを感じ取り、運動したくなる。室内で簡単にできるスポーツといえば、美容体操。姿見を見ながら体操すれば、自己愛の力も発揮されてますます美しくなる。

洋間のカーテンはスプレーグリーンとして、カーペットはその色より、ややくすんだもので色彩調節すれば、洗練された居間になる。カーテンには必ず白いレースを下に重ねて使うとよい。

次に無難な例は、カーテンの色はベージュ色、カーペットはやや濃い色で、明るいベージュ色のカーテンでも白いレースを重ねて使うといい。やはり、あか抜けた部屋になる。一方、ベージュ色のレースを使うのは感心しない。汚れて見えてしまう。レースは白一色がよい。

スプレーグリーンの洋間では、調度品や家具が同色なら理想的。白い家具はもっと映える。一般向けでは木肌の色そのままの家具もなじむ。ベージュ色の場合は、ベージュ系、茶系の濃淡で家具を揃えるとおさまりがよい。

白色にひそむ、かくし味

「夜空の星をごらんください」

ロマンチックになるか？　それとも、幽玄な宇宙人と人の不思議を感じるか？

このひとつの星のかすかな〝またたき〟と、昼間の太陽の明るさとの比率は、なんと一対百万の割合にも達する。月と太陽の比率でも一対八十万の割合になる。

私たちの住まいでは、カーテン、カーペット、家具、食べ物、印刷物といった物体色の明暗比率（反射率）は、せいぜい一対百の割合におさまってしまう。

色には明暗がある。色の明るさや暗さの度合いを明度という。白、灰色、黒といった色は、赤や緑のように色味がないので、無彩色といい、その属性は明度だけである。私たちの周囲には、入射光の一〇〇パーセントを反射する白やその一〇〇パーセントを吸収する黒は存在しない。ただ、蛍光色になると一〇〇パーセントを超えてしまう。

通常、白は反射率八八パーセント、黒は二・四パーセントとされている。ドイツの物理学者、G・R・キルヒホフ（Gustav Robert Kirchhoff）は、十五センチ立方体の暗箱の内部に黒ビロードを張り、黒いふたをしてその中心に直径三センチの穴をあけ、その周りを白く塗り、のぞきこんで、この世で一番黒い黒を見た。それでも反射率は一ないし二パーセント。これをキルヒホフの絶体黒という。

白と黒にこんなにこだわる理由は、インテリアの色としてむずかしいからである。インテリアの壁面は、反射率六〇パーセントを超えてはいけないという原則がある。白は反射率八八パーセントに達し、本来、室内の壁面に使うことはタブーとされている。

さらに、白のイメージは、公共施設から病院病棟の連想につながるので、〝冷たい〟感じを払拭しがたい。この冷たい白もあれば、しかし暖かい白もある。冷たい白は嫌われるが、暖かい白は歓迎される。

オフホワイトの秘密

この暖かい白の秘密こそ、その白さに「かくし味」としてプラス・アルファの味つけをしているのである。日本料理の「かくし味」や、カレーのルウやシチューに「かくし味」として月桂樹の葉を入れて、煮込むことと同じだと考えればよい。

それには白さをオフホワイト（off white）にすることだ。オフホワイトとは白からはなれた白の意で、ニヤホワイトともいわれ、冷たい白に暖かい有彩色を混入して得られる白である。明度八・五から九・五まで、彩度は一まで、ホワイティよりも白に近く、〝暖かい白だな〟と感じる程度である。たとえば、クリームがかった白、ピンクがかった白なども含まれる。オフホワイトは反射率で見ると七〇パーセントから八〇パーセントになる。けれど、散乱があれば目にやさしく映るのである。

つや消しの白

漆喰の白の「かくし味」は貝殻の粉末である。漆喰と混ぜ合わせると、すこぶる落ち着いた暖かい白ができる。さらに、つや消しにすれば光が散乱してケバケバしさがなくなる。一二七ページの表のとおり、漆喰（白）つや消しで、反射率七〇パーセントであるが、つや消し効果で快適なインテリアが生まれる。

ペイントの白は、オフホワイトで反射率を低めるため、白さに有彩色などを混入すれば暖かい色となり、反射率は七五パーセントから七〇パーセントに低められる。塗りもつや消しにすれば、七〇パーセントの反射率でも光の散乱によって落ち着いた感じになる。

こうすれば、白はリビング・ルームの大きな面積（壁面）に使ってさしつかえない。冷たい白、プラスチックの白、光沢のある白は大きな面積に不適である。暖かい白、つや消しの白は新しいインテリアの捨て色として脚光を浴びる時代になった。

つや消しの白は寝室やサン・ルームにも理想的である。つや消しであるから反射率が高くても、にぶい反射光となって古びた家具や小物をきわ立たせ、まるで新しい家具や小物ではないかと錯覚させるほどである。その白さは光源によっても変わり、蛍光灯で冷たく、白熱電球で暖かく、白さの表情を変えて見せてくれる。

白は魔術師

白は単色調和（有彩色一色と無彩色との調和）によって、白を背景とした置物や着物の純色を、ますますさえて見せるのである。それだけに、白を背景にすれば、すべての色は生き生きとよみがえってくる不思議さがある。

白はどんな色と組み合わせても、色をひき立たせるが、冷たい青や紺のカーテンは白壁の白さを高め、目にしみる白さに変身させる。上品なベージュ系のカーテン、すみれ色のカーテンはパステル調のゆえに、白さと柔らかに調和し、安らぎを与えてくれる。

明るい色は部屋を広く、暗い色は部屋を狭く見せる——という色彩明度の性質は、そのまま建築上の性質に通ずる。

私たちの目は、インテリアの秩序と状態を、すばやく見てとるくせがあるから、インテリアの構成要素が異質でも、明度が接近していれば、それらはひとつの視覚単位となって目の網膜でまじり合う。この明暗比率、すなわち、反射率のバランスがとれていないと、建築上の形態と装飾はしばしばくずれてしまう。

眠りにさそう色は青

青は最も冷たい色であり、鎮静力を持つ。たとえば、ベッドでもふとんでも、水色のカラーシーツは、熱い夏の夜にはいいが、寒い夜、身を横たえるといつまでも体が温まらない。

また青は落ち着きをうながし、心身の回復力を高める。さらに青は悪夢を軽減し、ヒステリー症状を静める。そして、生体に酸素を吸入させるはたらきがあり、運動神経の興奮を鎮静し、速い脈拍をゆるめ、炎症を治す。

たとえば、青いレンズのメガネを使ったところ、神経系統の興奮を静めるのに効能があり、どんな鎮静剤も効かなかった不眠症に眠りをもたらした。また、青はリラックスさせ、深い睡眠に誘導することも可能である。だから眠れない人は、青を見ること。逆に目を覚ましていたいなら赤を見ること。年輩の人びとには睡眠のために、ピンクの部屋よりむしろ青い部屋がよい。

後に詳述するが、青色光は高血圧を降下させ、その効果は治療後も持続する。高血圧の人は神経緊張を軽減するため、青色のパジャマを着るとよい。逆に客間にロイヤルブルー（JIS 色記号 6.0PB 2.5/10.5）は不向きである。というのは会話が無言になってしまうからだ。こうした関係で寝台車やホテルの部屋に、青い照明がしばしばとりつけられている。青いブラインドは日中のリラックスをもたらす。

蛍光灯の寝室では女子が多く生まれる

さて、寝室に青を導入するといっても、青インクに浸かったようにするわけでなく、効果的に青が見えればよい。青いハンカチ一枚見つめても、いつの間にか眠ってしまう。

カーテンは青や緑などの寒色系の地色で、パステル調のすみれ色やピンクの小花がプリントされ、さらに白いレースのカーテンも使って、立体感があったほうが理想的である。カーペットも青の単色でなく、青のほか類似色の柄があっても結構、全体としてターコイズブルー調になれば十分。

寝室の照明はランプシェードのある白熱電球がよい。寒い冬にはアクセント・カラーとして、五パーセントなら暖色を補っても楽しい寝室になる。

夫婦の寝室に赤いランプシェードで白熱電球の照明にすると、七〇パーセントは男子、三〇パーセントは女子を出産、蛍光灯では、七〇パーセントが女子、三〇パーセントが男子出産となる。太陽光線によく照射される環境では、男子五〇パーセント、女子五〇パーセントでバランスがとれる。日本の人口一億二千万人のうち、一九九三年では女性が二百三十万人余多いのは蛍光灯のせいか？　もっとも以上の実験はハツカネズミを使っての結果である。

以上の点をもうすこし掘り下げてみよう。

精神安定剤のはたらきもする青

このように、色は私たちの情緒を揺り動かすはたらきがある。色に対する反応は個人個人で異なるが、一般的な傾向は次のように立証されている。

①赤色光や赤色の多いインテリアは、血圧を高め、呼吸数、筋肉緊張を増大させる。

②青色光や青色を基調としたインテリアは、血圧を下げ、呼吸数、筋肉緊張を減少させる。

このような傾向を主張している研究者は数多く、とりわけ、カリフォルニア大学のR・ジェラードの説は注目すべきものがある。彼は現代の最も進歩した技術で、光と色に対する生体の反応をテストした。実験では、赤色光、青色光、白色光を使い、血圧、手のひらのコンダクタンス（手のひらに電極をつけ、汗腺の反応によって自律神経＝内臓のはたらきを司る神経＝の覚醒状態を計器に表わす。電気伝導率 *v*）を計測する。

さらに、呼吸、脈拍、筋肉活動、またたき、脳波を測定。その結果、赤は被験者の不安を強め、青は被験者の不安をやわらげ静めることを発見した。緊張や不安といった症状に、色が精神安定剤の役割を果たすことが判明したのである。

赤色光で血圧は高まり、青色光では血圧は下がる。手のひらのコンダクタンスは、赤色光でも青色光でも即座に自律神経系の覚醒が高まり、一定時間でみると、その覚醒は青よりも赤のほうがずっと高い。呼吸数は赤色光で増加し、青色光で減少する。脈拍は赤でも青でもほとんど差がない。目のまたたき率は、赤色光で増加、青色光で減少する。

こうした結果を利用することで、青色光は治療の補助手段として役立つわけである。

たとえば、血圧を下げるために、青色光や青色のインテリアが有効である。

F・ドイチェの治療例では、息切れと胸の圧迫感に襲われている女性の患者が、血圧最高二百四十五ミリ、最低百二十五ミリであった。そこで、短期間であったが彼女を緑色の病室に入院させたところ、その緑色の影響で、徐々に血圧は下がり、ついに最高血圧が百八十ミリに低下したと報告している。

赤い部屋と青い部屋の実験

赤い部屋と青い部屋をつくり、そのスタジオ内の温度や湿度は一定に保ち、快適にコントロールしておく。被験者には部屋の赤や青は教えないで、目かくししてそれぞれの部屋の真ん中にある椅子（これも部屋の色と同色）に十五分間座らせ、「脳波」「心電図」

■ヒトの脳波の種々相

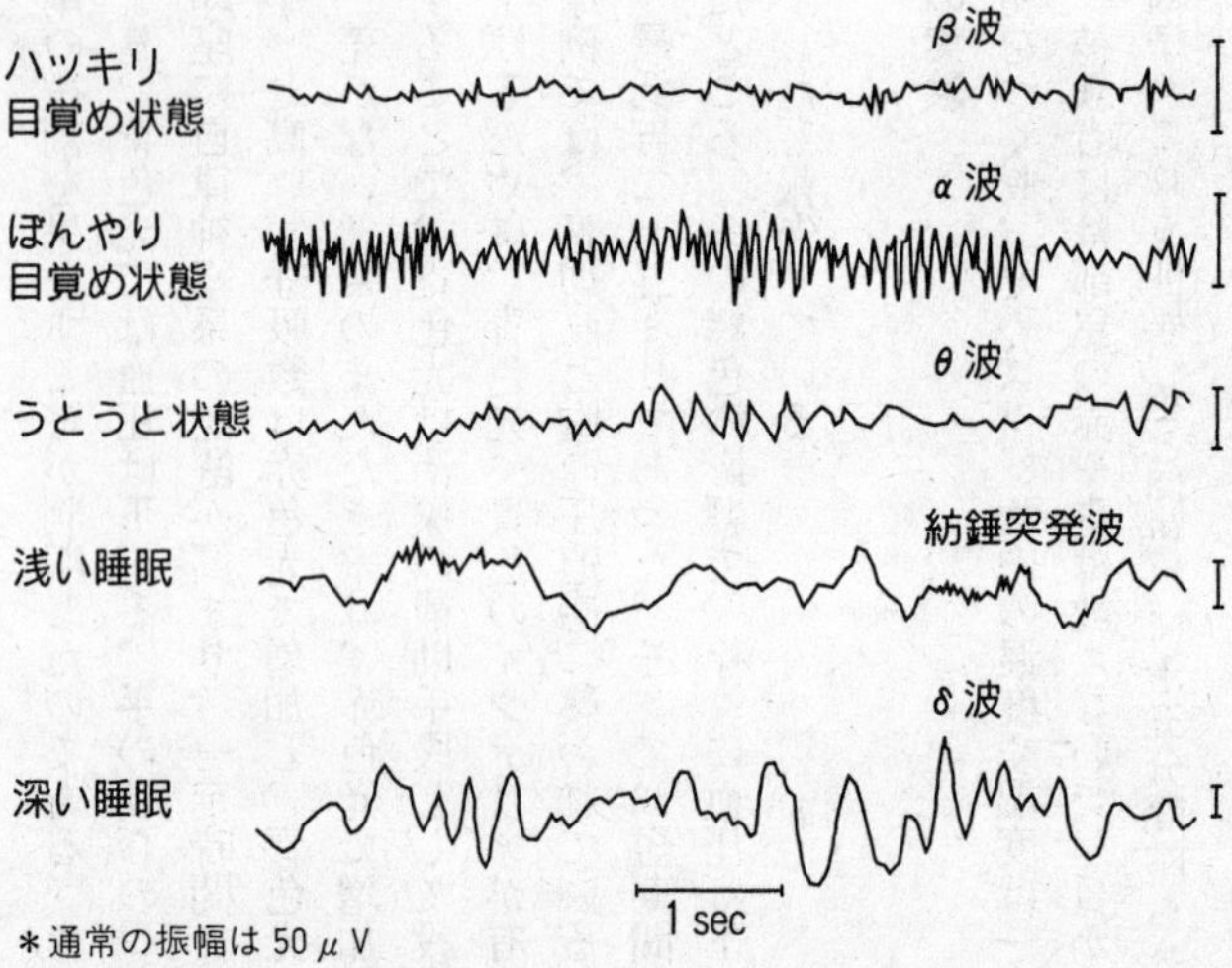

＊通常の振幅は 50 μV

(資料)真島英信：『生理学』文光堂、1974 年

■ヒトの脳波の種類

名称	周波数	振幅	備考	
デルタ波（δ波）	0.5～3.5 Hz	60 μV 以上	高振幅徐波 深い睡眠 *1)	徐波 slow wave
紡錘突発波	14 Hz		浅い睡眠 *2)	
シータ波（θ波）	4～7 Hz	50 μV	うとうと状態 *3)	
アルファ波（α波）	8～13 Hz	30～60 μV	ぼんやり目ざめ状態 覚醒安静時の主成分	
中間速波	14～17 Hz			速波 fast wave
ベータ波（β波）	14～30 Hz	50 μV 以下	低振幅速波 ハッキリ目ざめ状態 *4)	
ガンマ波（γ波）	30 Hz 以上			

＊1）眠りが深くなると振幅の大きい遅い波が主となってくる。δ波や紡錘突発波の現われる脳波を睡眠型脳波（sleep pattern）という。

＊2）α波がますます減少し、全体として平坦化してくる。通常約14Hzで紡錘形を示す。

＊3）α波が減少して前後に陽性波を従えた鋭波（sharp wave）が現われる。

＊4）開眼、精神活動時に優勢。

「サーモグラフィカメラ」「脈拍」「呼吸数」「筋肉緊張」などを測定したのである。

この実験の目的は、人間の皮膚に光センサーがあるなら、目かくしの状態で色を感じて反応するだろうか？　また、人間は果たして視覚に頼らなくても、色を見ることができるだろうか？　という興味深いものだった。

まず、被験者の手を引いて「赤い部屋」の中心にある椅子に誘導し座ってもらう。「サーモグラフィカメラ（Infra Eye 180）」の画像は平常の皮膚温度が緑色を示す。座って一分間も経過しないのに、たちまち赤色が頭、胸、手に現われ、ついに白くなってしまった。これは針が振りきれるほど非常に熱くなったことを意味する。

私たちの外殻温度、とくに皮膚温度は熱放散の調節のために、むしろ積極的に変化する。この実験中に被験者は「熱い、熱い！　息苦しいッ」を連発。モニターテレビにその様子がハッキリ現われた。

次に「脳波計（life scope 7, Neurofax）」は間断なく記録しつづけ、赤い部屋の被験者からベータ波（ハッキリ目覚め状態）を知らせた。

ここで赤い部屋を出て、三分間目かくしをしたまま被験者は休憩し、この次は「青い部屋」の中心にある青い椅子に座ってもらった。

「サーモグラフィカメラ」がとらえた被験者の皮膚温度は、頭、胸、手にわたって緑色のまま、少しも赤色にならなかった。平常の皮膚温度に変化が現われなかったのである。被験者は「涼しい。なにかスーッとする！　気持ちがよい」といった。

さらに「脳波計」の記録にはアルファ波（ぼんやり目覚め状態）が主流となり、ところどころにシータ波（うとうと状態）まで現われた。

目かくしした被験者の皮膚が、赤い部屋と青い部屋を見分けて、見事に反応したのである。他方、赤い部屋では血圧を高め、呼吸数、筋肉緊張も増大させた。逆に、青い部屋では血圧を下げ、呼吸数、筋肉緊張も減少した。一四四〜一四五ページの表は脳波の種々相についての周波数が明らかになっている。

赤で血圧上昇？

たしかに色は生体に生理的効果がある。色の明るさや暖かさは、自律神経系を刺激することから、血圧は高まり脈拍は速くなる。実際にテストしたらどんな結果になるか？

一四九ページが実験の報告である。実験では赤い部屋は青い部屋よりも血圧が上昇したが、脈拍はやや遅くなった。青い部屋の場合、いうまでもなく血圧は降下、若干脈拍が遅くなった。脈拍に赤と青が影響するが、赤で速まり、青で遅くなる反応を知るためには、実験時間は十分にかける必要があったといえる。

一般に次のような傾向がつきとめられている。
①刺激に対して神経過敏な人は、赤ないし、暖色系を好む。
②温和で粘液質の人は、青や寒色系に引きつけられる。

不眠症には青メガネ

青色は不安神経症に精神安定剤としてはたらき、またたき率を減少させるため、目の興奮をやわらげる。

J・バイカリーのテストでは、内的緊張が増大すれば、またたき率も増大することをつきとめている。通常、正常なまたたき率は一分間に三十二回、極度に内的緊張が高まると、一分間四十五回にはねあがる。しかし、青色や青色光の作用などで催眠状態になれば、一分間十四回に低下し、間もなく〝眠り〟につく。青色光は不眠症を解消する。不眠症の人びとは、ピンクの毛布では眠れないが、水色の毛布なら不思議なほど眠りにつくことができる。

色彩の影響力の強弱は、それがハッキリ見えるか、かすんでいるかによるものである。
①色と無関係に明暗で見ると、脈拍は明るい照明よりも、暗いところで遅くなる。
②目のまたたき率は、赤い光線で増加し、青い光線で減少する。

■インテリアカラーの赤・青に影響される血圧・脈拍・体温の変化

	性別	年齢	身長	体重	測定	赤い部屋			青い部屋		
						室温	23.5℃	18℃	室温	23.5℃	18℃〜20℃
						入室前	直後	45分後	入室前	直後	45分後
A	男性	38	172	70	最高血圧 mHg	128	**132**	130	140	**134**	**124**
					最低血圧 mHg	86	**90**	90	82	**80**	80
					脈拍 P	70	**74**	66	80	**76**	**68**
					体温 T	36.3	36.3	35.8	36.1	36.1	**36.7**
B	男性	22	168	65	最高血圧 mHg	160	**170**	**172**	186	**176**	**166**
					最低血圧 mHg	100	96	88	92	**84**	88
					脈拍 P	64	64	63	72	**65**	**61**
					体温 T	36.5	36.3	**37.1**	36.9	36.6	**36.9**
C	女性	48	153	50	最高血圧 mHg	116	116	**136**	110	110	**108**
					最低血圧 mHg	72	**74**	**84**	68	74	70
					脈拍 P	61	61	**69**	76	**69**	**68**
					体温 T	36.1	35.8	**36.5**	36.9	35.6	36.8
D	女性	21	157	49	最高血圧 mHg	98	**110**	**130**	104	110	**92**
					最低血圧 mHg	52	**72**	**68**	72	68	**58**
					脈拍 P	64	61	60	68	**63**	**61**
					体温 T	35.9	35.3	35.7	35.5	35.5	36.0

（注）1989年10月16日（株）インターボイスの協力により実験、データを収録した。実験は筆者の指導で遂行。1989年11月5日（日）7：00日本テレビ（東京）が放映した。測定値の太い数字は入室前の測定値と比較して、直後と45分後、変化が顕著なもの。

③全身が覚醒していると、青より赤に対して脳波のベータ波が多くなる。

何かに注意を集中したり、精神的な活動をしているときの「ハッキリ目覚め状態」にあるときは、脳波は振幅の小さい速い波が主となる。これをベータ波、あるいは低振幅速波という。通常十四から三十ヘルツで振幅は五十マイクロボルト(一マイクロボルトは百万分の一ボルト)以下。このような脳波を目覚め型脳波(非同期波)という。

たとえば、午前中の野球練習では、全身が十分「ハッキリ目覚め状態」になっていない。昼よりも選手のミスが多いのがつねである。

緑を多用すると金持ちになる

インテリアの色は目で見るだけでなく、皮膚も見ている。私たちの体は、光や色によって筋肉反応を起こすことはもうご承知のとおり。

自然は私たちを弛緩させてくれる。土壌のベージュ色、空や水の水色、草の緑はいずれもライト・トーナス値が低く、弛緩させる色だ。

インテリアにスプレーグリーンを使用するとリラックスできるので、最適である。リードグリーンも安らぐ色。同じ緑でも、麻雀卓や撞球《どうきゅう》台のビリヤードグリーンは心をかき乱す。

緑は健康を表わし、休息を与えるので、私たちには緑が必要である。現代は多忙で、私たちは休息のない生きものになっている。緑は多幸症の色だから妄想傾向の強い人には禁物である。緑は空想の色ともいえるからだ。

緑は喪失感を克服する。また、緑は資金調達力の色で、資金が必要なところに注意を集中させる。緑は欲望充足のはたらきがある。さらに、緑は目の疲労を癒すだけでなく、眠りにさそう。苦痛と緊張をときほぐす最善の色でもある。

ウイルス感染の症状に緑を使うのもよい。これは緑が休息を与えるからだ。

O・ブルンラーは、緑が器官系統全体に影響することをつきとめている。とりわけ、生命力を増大させて交感神経系に有効である。緑はまた、腎臓や肝臓を活性化し、汚れた空気、食物、水を中和する。

D・P・ガアディアリは「緑色は名医だ。どんな色を使ってよいのか分からない場合、いつも緑を使えばよい」という。緑は清浄剤として作用し、下垂体を刺激し、順次、他の腺を刺激していく。血の固まりを溶かし、筋、組織、皮膚を生成させる。さらに、充血を散らし、細胞の固まりを強め、病原菌やウイルス、有毒物を排除する。ただれや腫《は》れものにもよい。肝臓を通して作用し、高血圧を低め、低血圧を高める。緑がないと胆《たん》嚢《のう》に結石ができてしまう。

E・D・バビットは緑を使って潰瘍《かいよう》の治療に成功している。

R・D・ハントは緑色光を生体に照射し、緑色光を照射した水を、食間三十分ごとにコップに半分飲むことをすすめている。緑色のアイシェード（目庇《まびさし》、まぶしい光から目を保護するセルロイドのひさし）を毎日十分から二十分かけると、視神経に有益である。けれども、過度に使うと神経性の頭痛になる。また緑は濃すぎなければ安息の色となる。自然界の緑がよい。頭痛は緑色のハンカチーフや、緑の鉢植を見ただけで治ることもある。

病気を治すには本物のグリーン

緑の食物としては、非常にたくさんの野菜がある。料理しても、生《なま》で食べても、葉緑素を体内へ摂取する優れた方法である。生のグリーンサラダ、緑のキャベツ、緑のアスパラガス、緑の胡椒《こしょう》、青豆、絹さや、ホウレンソウなどには葉緑素がある。青緑になると、体を再生させ、さらに熱狂状態が消えて若々しさをひき出す。黄緑になると、穏やかで気持ちをやわらげる効果があり、発熱や炎症を静め、ストレスで平常状態から低下した器官を強める。脱水、かさかさの皮膚、ひどいのどの渇きを防ぎ、治したりする。下痢に使うと効き目がある。

ノースカロライナ病院のスタッフ、F・L・オウェンズ博士は「電球に緑のフィルターをかぶせて、やけど治療に役立てている」という。沸騰するデンプンのバケツに落ちた三歳児に、彼は初めて緑色光治療をした。苦痛は三十分で軽減し、その子どもは、もはや泣き叫ぶこともなく、一週間で足の上方の深いやけどを残して、治ってしまい、やけどの部位はかぶれることもなく、その跡も残らなかったという。

このテーマには、まだまだ、たくさんの話がある。私たちは、光と色の影響を、無意識のうちに心と体で受け止めている。コンクリート色が多い都市生活では、ほとんどの人びとは緑色欠乏症に陥っている。麻雀卓のビリヤードグリーンはケバケバしく、胃腸を損なう。それよりもゴルフ場のグリーンが心と体を癒す。

4　食べ物は色で選ぶとよい

食品の色

日光と色彩を体に摂取させるのは食物である。食べ物の色が強ければ、それだけ体によい。色彩が濃縮されるだけでなく、ビタミンやミネラルの含有量も高まる。自然の緑色のセロリやアスパラガスは、白や漂白したものよりずっと栄養価が高い。

私たちの体が食べ物の色彩を欲しがるので、その食べ物を摂取するともいえる。たとえば、橙色のニンジン。橙色は組織を清潔に調和させ、新しい組織生成を助ける。

赤は赤ダイコンやサクランボ、イチゴ、ツルコケモモ、とうがらしなどだが、これらは血液を浄化し、精力を注入する。

黄はレモン、薬用植物などで、体の酸のバランスを正常にする。同じ黄でもバナナ、カボチャ、干したセンナの葉、ヒマシ油は胃腸の蠕動《ぜんどう》をうながす。

紫はプラム、ブドウ、イチゴなどで、神経系のはたらきを助ける。これらにビートジュースとブラックベリージュースを合わせると血液をつくる。

緑はホウレンソウ、青豆、キャベツ、パセリなど、これらはミネラルが豊富で体をリラックスさせ、若返らせる。

水は青色（短波長）だけを透過するので青と見なされ、神経を落ち着かせる。

水も日光を蓄えることができ、ビンに満たし、十二時間以上日光の当たるところにおくと浄水され、味もよくなる。

S・G・J・オスレーは「類似した色彩の食べ物は、体にとってやはり類似した効き目がある」といっている。

ビタミンには色がある

日光がビタミンDの源であることはご存じのとおり。十八世紀、スコットランド人は、子どもたちにタラの肝臓からとった油（ビタミンD含有）を与えると、くる病にならないことを偶然発見した。昔は、日照時間の長い夏の間だけ肝油の摂取を中止したが、今日のような霧とスモッグの多い都会では、摂取は年間を通じて推奨されていい。

毛皮や羽毛におおわれた動物は日に当たって、毛皮や羽毛の脂でビタミンDをとらえる。そして、体をなめたり、羽をくちばしで整えたりすること（毛づくろい）によって、ビタミンDを体内に取り入れる。

一方、私たち人間は、衣服におおわれていない部分の皮膚の脂肪でビタミンDをつくる。日中デスクワークの人は、食事の時間だけでも戸外で過ごすようにすれば、顔、首、腕の皮膚から、十分ビタミンDを取ることができる。

ちなみに、太陽を浴びたあと、すぐに入浴はしないこと。ビタミンDが体に吸収されないうちに洗い流されてしまう。

生命にとって日光は欠かせない。

一九一〇年、日本では鈴木梅太郎によって、米糠《ぬか》からオリザニン（ビタミンB_1）が発見されて以来、現在までビタミンはA、B、C、D、E、F、H、K、L、Pなど多数知られている。ビタミン（vitamin）とは vita（ラテン語で生命）と amin（アミノ基化合物）からなる合成語で、アメリカ（ポーランド生まれ）の化学者カシミール・フンク（Casimir Funk）が一九一一年に命名した。食べ物として摂取され、主に、助酵素の成分として、微量でも重要な生理作用をする物質がビタミンである。当初、アミン（amine）と考えられたのだが、必ずしもそうではないので〝e〟をとって〝Vitamin〟といわれるようになったのである。食物には数多くのビタミンが含まれている。

ビタミン類は一定の色相と相互関係がある。

ビタミンAは黄と緑、ビタミンB_{12}は赤、ビタミンB_1は緑、ビタミンB_1、B_2、B_6は赤と橙、Cはレモン色、Dは紫、Eは真紅色、Kは藍色、というように、それぞれのビタミンが色彩の属性を持っている。

一般的に見て、黄色い食べ物はビタミンA、黄と緑の食べ物はビタミンCが豊富。黄と橙の食べ物はビタミンAとCを含んでいる。

pH（水素指数・溶液の酸性度、アルカリ度）で見ると、赤、橙、黄はアルカリ性で、これら暖色系の食べ物もアルカリ性である。青、藍、紫は酸性で、寒色系の食べ物は酸性である。緑は中立の色、アルカリ性と酸性のどっちつかずで、緑色の食べ物は中性である。

複雑な日本人の食欲色

欧米人の食生活の中心は肉食である。牛肉の切り口の赤い色が、彼らの見慣れた食欲を刺激するのである。さらには、サクランボ、リンゴなど。野菜類では葉菜が乏しく、トマトやニンジン、赤カブなどの赤色野菜が優勢、家庭で作る大量のジャム、ワインなど、日常の食生活に占める赤は多く、そのうえ、赤は欧米人の好む色の一、二を争う。

日本人はどちらかといえば、菜食系であり、魚食を伝統とし、獣肉食の歴史は浅い。動物性で赤いものは、マグロの切り身ぐらい。エビ、カニ、タコ、サケ、マスなども純色の赤からは遠く、白と赤のツートン・カラーであったりする。小さく配される赤は効果があっても、面積の大きい純赤は血の色を連想させる。血の色は肉食系の人たちには食欲の一要素だが、菜食人には嫌悪となる。さらに赤は、日本人には嗜好色としての人気は低い。

日本人は白を好む。米飯の白、豆腐の白、うどんの白、餅の白、根菜類の白。欧米人がとうてい食品の色と考えない黒でさえ、ノリがあり、コンブがあり、黒ゴマがある。日本人は、ほとんど大衆レベルに至るまで、複雑多岐の食生活をいとなむ。それは、世界でも有数といえる。

食生活は、ひどく頑固な保守性を持っていて、たとえ表面は欧米風の食習慣の混入が目立つとはいっても、根本的な変革が近々見られるとは考えにくい。日本料理もまた、古くからカラー・デザインに心血を注ぎ、ほとんど芸術に近くなっている。

素材の味と固有色を生かす

まず日本料理は、元来、素材の持つ〝味〟をひき出し、素材それぞれの固有色を生かして、十分に食欲をみたすものである。生鮮品をはじめ乾物に至るまで、それぞれが天然の固有の色彩を損なわないで料理できれば、理想である。

そのうえ皿や椀、小鉢にわたって食器を厳選し、色の絶妙な調和をかもし出している。つまり料理と器の配色に、色相、明度、彩度を駆使して演出しているのである。そして、料理人は器の適、不適というものを経験から十分体得しているものである。

日本料理は茶事、俳諧、和服に通じるものがあり、器を厳選することにより、〝皿まで食う〟のである。これは、日本人特有の食生活であり、食器の優劣で料理の味は、ものの見事に大差がついてしまう。

色彩調和で考える日本料理

日本料理の色彩調和は次のようになる。

①補色調和

補色調和とは赤と緑、黄と紫、青と橙、黒と白のような補色（反対色）関係である。黄が食べ物で紫色の皿、紫が食べ物で黄色の皿でも同じく調和する。マグロの赤身にシソ、笹、パセリ、海藻など、具《つま》として緑色をあしらうのもその典型である。日本料理ならではの配色であり、先付、造《つくり》にアクセント・カラーとして補色が使われる。時に、炊き合わせの京芋・湯葉に器の雲錦《うんきん》鉢で朱色に近い釉調。その炊き合わせの上に針柚子を

■日本料理の食器の色彩

色相	陶磁器、塗物のいろいろ
赤	赤絵小皿、朱塗三つ椀、輪島塗根来小皿
黄	黄釉刻文向付
緑	錦右衛門窯交趾蓋物
藍色	染付縁花文銘々皿
青	瑠璃たれめ小向、九谷青窯白磁七寸皿 古伊万里皿、黒天目盌、青磁盌、砧青磁四方皿 瑠璃釉小皿
茶色	松本萩の四方手付鉢、九谷青窯鉄釉皿
ベージュ色	柿釉六寸皿、三島手鉢、黄袍釉蒸茶碗 灰釉掻文鉢、鉄絵六角向付、土楽窯文福鍋 黒唐津小皿、小久慈焼灰釉丼鉢
白	白磁皿、青白磁皿、白磁印花文小皿
灰色	白灰釉蒸茶碗
黒	輪島塗総黒煮物椀、炭化銀彩四方向付 美濃焼織部四方皿
金	金箔梅月図大鉢、蒔絵煮物椀
銀	銀彩菱形皿
絵柄	織部長皿、染付花蝶文小皿、色絵皿

■食物（料理）の色彩面積の効果

日本人の色彩観	食物を中心にした色彩	食生活の色相	その構成
色を……	アクセント・カラー 5%	純色（生鮮三品の固有色） 中間色（料理した色） 白	料理そのもの
みるための	サブ・カラー 25%	補色（朱の漆や黄釉薬など） 中間色（釉薬など） 有彩色 無彩色の白、灰色、黒 朱と黒（汁椀などの漆塗り） 金・銀（金箔、蒔絵、象眼など）	食器類 小物
……色	ベーシック・カラー 70%	中間色（暖色系ないし寒色系に灰色を混ぜて得る中明度の色） 和紙の色 木質色 染物色 織物色 白熱電球の光色	座卓（食卓）、テーブルクロス、畳表、壁面、調度品、花と花瓶、照明器具と白熱電球、座ブトン、座席、絵画、天井の材料、空調、開口部（窓）、愛情のある雰囲気

添えると、その香りと緑色が補色調和を見せるのである。

②類似色調和

類似色調和とは二色の組み合わせで、片方の色に、もう一方の色相の色味を含んだ親戚の色の組み合わせである。松本萩の茶色の皿に、卵焼きの黄色は、類似色調和となっている。

③同系色調和

同系色調和は、同一色相の濃淡の二色を組み合わせるものである。柿釉皿のベージュ色に、煮物のベージュ色は、同系色の濃淡で料理を強調し、一段とおいしく見せるということである。灰釉掻文鉢にダイコンと鶏肉の煮込みは、ベージュ色で互いになじんでいる。

④単色調和

単色調和は、有彩色一色と無彩色一色の組み合わせで、日本料理に多く使われる。有彩色は色味のある緑や赤一色と、無彩色は黒、灰色、白でその一色と組み合わせる。無

■無彩色の器による料理の色彩変化（単色調和）

器の色／料理の色	溜塗煮物椀など〈黒〉	白釉皿など〈白〉	白磁皿・白灰釉椀など〈淡い灰色〉	灰釉皿など〈濃い灰色〉
黄	彩度を高める	若干くすむ	暖かさを増す	ずっと明るくなる
赤	非常に鮮やかになる	ずっと濃くなって、さえてくる	明るいが若干くすむ	ずっと明るくなるが、彩度を失う
青	ずっと明るくなる	彩度が高く、ずっと濃くなる	やや明度が高くなる	明度がずっと高くなる
緑	薄くなって鋭くなる	明度が低くなる	黄色味を帯びる	さえてくるが、灰色の方が、赤味を帯びる
橙	ずっと明るくなる	濃くなって赤色味を帯びる	ずっと明るく黄色味を帯びる	明るさを増す
紫	明度や彩度を失う	ずっと濃くなる	明るくなるが、灰色の方は緑色に見えてくる	灰色の方は緑色に見えてくる

（資料）野村順一：『カラー・マーケティング論』千倉書房、1983年

彩色は料理の有彩色をさえて見せ、彩度を高めるはたらきをする。逆も同じである。たとえば付き出し三種盛りに、輪島塗四方盛盆の深い黒などである。

味の仕上げは器の色で

食器が味覚を左右することは明白である。それだけに、日本料理は食器に気をくばる。その食器である陶磁器や塗り物の色は美しく、つねに料理のために、料理にふさわしく揃えられる。一六〇ページの表は、日本料理のための、身近な食器の色彩をまとめたものである。

カレーライスを和陶器の皿（織部釉のオリーブグリーン）に盛りつけ、他方は洋陶器の皿（アイボリー地、できる限り細い金線で縁取りしたもの）に盛りつけ、食べくらべのテストをした。その結果、同じカレーライスにもかかわらず、濃い緑の和皿よりアイボリーの西洋皿のほうが、ずっとおいしく感じたのである。

器の種類や色彩によって、料理の味が左右される現象を後光効果という。後光効果（halo effect）は光背効果ともいい、人や物のあるいくつかの特徴について、よい（悪い）印象を受けると、その人や物のその他のすべての特徴についても、不当に高く（低く）評価してしまうことをいう。

料理を味わう環境の視空間を一〇〇パーセントとすれば、料理はわずか五パーセントの色面積でアクセント・カラーとなる。次に器と卓上が二五パーセントの色面積で料理を色彩対比でひき立てるサブ・カラーであり、最後に、食事の環境、座敷、床の間、調度品、庭園や泉水など周囲のたたずまいが七〇パーセントの色面積でベーシック・カラーとなっている。

これら一〇〇パーセントの視空間に加えて、賞味する人の精神状態、健康状態、教養と経験の深さ、価値観、審美眼、周辺では丁重な給仕、愛情のある人間関係、格調と威光を持つ暖簾（店の格式）、板前の心意気といった無数のファクターが関与する。これらファクターの融合が、日本料理の後光効果となっている。

味覚は長年の経験が支配

日本料理の味わいには、賞味する人特有の数多くの観念が加算される。私たちの経験の九〇パーセントは、目をとおして習得したものである。年をとるにつれて観念連合の複雑な〝たくわえ〟を持つ。味覚感度を左右する味蕾《みらい》の数は赤ちゃんが最も多く、壮年期から老年期にかけて減少する。

しかし、老人の味覚が衰えることはない。老人自身の観念連合の〝たくわえ〟が補って余りある。それは自らの視覚経験や味覚記憶によって条件づけられているからである。

器に黒が多いのはナゼ？

ある色は軽く、ある色は重い。私たちが色を見るときに共通して感じ取っている現象である。光を少ししか反射しない暗い色は、物体を重く見せ、光のほとんどを反射する明るい色は、物体を軽く見せる。このように色の、見かけの軽重といった心理的ウエイトを体感重量という。

日本料理では、料理と器の配色に、料理を軽く見せたり器を重く見せたり、三属性（色相、明度、彩度）の体感重量を駆使して演出をする。日本料理の器になぜか黒が多く使われる背景もこうした理由からだ。

その一例として、日本料理のまっさきに出される先付がある。季節を織りこんだ、秋の風物、月を演出に取り入れた黒（重い色）の膳には銀の月。これにすすきがかかる。すすきのもとは結び目が箸置きに姿をかえ、器は千家十職《せんけじゅっしょく》の永楽得全《とくぜん》（十四代）の秋草《あきくさ》向付《むこうづけ》（ベージュ色の釉調に白桔梗の花柄）。

黒の膳や黒の四方盆は、それらを地色として日本料理の微妙な味わいをいちだんと深める。それは重い色の器の特性である。

■料理と器の軽重感（色の三属性による違い）

①色相による軽重……	色相の違った黄と紫では、黄が軽く、紫が重く見える。
②明度による軽重……	明るい色（淡い色）は軽く、暗い色（濃い色）は重い。たとえば、ピンクが軽く、それにたいして赤は重く感じさせる。
③彩度による軽重……	同一明度の場合なら、彩度の高い色が軽くて、彩度の低い色は重い。たとえば、さえた赤（純色に近ければ近いほど）は軽く、くすんだ赤（彩度が低くなるにつれて）は重く見える。
④明度（無彩色）による軽重……	白は最も軽く、黒は一番重い。

野村順一：『色彩効用論（ガイアの色）』住宅新報社、1988年

■色相ないし光色による生理的反応

色相ないし光色	生理的反応
明るい暖色系 白熱電球 暖色光	消化作用と自律神経系を刺激 空腹感を引き起こす
柔らかい寒色系 蛍光灯 寒色光	消化作用もふるわず自律神経系を鈍らせる 空腹感を阻止する

野村順一：『カラー・マーケティング論』千倉書房、1983年

軽重感は料理や器だけではない。白熱電球のもとでは、重さを実際よりも重く感じ、蛍光灯ではずっと軽く感じる。光源の種類、照明の条件で体感重量も変わり、光色は物体色よりもずっと強く作用する。

人間の視覚は非常に優れており、体感重量の底流には、私たちの目がつねに濃い色（暗い色・重い色）を避けようとし、いつも淡い色（明るい色・軽い色）を求めていると いうことがある。このような生得的傾向が明るい色を軽く感じさせ、日本料理の黒の膳料理に注視させ、味わいを深めるのである。

料理と闇の関係

日本電球工業会によると、蛍光灯の需要は昭和三十年代に電球を追い越して普及していったという。たしかに四十ワットの電球（白熱電球）とくらべると、同じ四十ワットの蛍光灯のほうがずっと明るい。

欧米の家庭では電球が一般的で、蛍光灯は倉庫など商工業照明と考えている。蛍光灯は青色味を帯び、蛍光物質で明るくなっているから、日本料理を平面的に見せてしまう。そのうえ、自律神経系をにぶらせ、空腹感もおぼえず、消化もふるわない。

太陽光線が最高の光であるが、夜間の人工光源では白熱電球に勝るものはない。電球は太陽と同じ連続スペクトルで、影をつくり日本料理を立体的に見せてくれる。電球の分光特性は赤、橙、黄など明るい暖色系が優勢で、人間の自律神経系を刺激し、消化作用を促進する。鳥や動物を使った実験でその結果をつきとめている。

かつて谷崎潤一郎は『陰翳礼讃《いんえいらいさん》』のなかで次のように述べている。「日本料理は明るい所で白ッちゃけた器で食べては慥《たし》かに食慾が半減する。例えばわれ〳〵が毎朝たべる赤味噌の汁なども、あの色を考えると、昔の薄暗い家の中で発達したものであることが分る。私は或る茶会に呼ばれて味噌汁を出されたことがあったが、いつもは何でもなくたべていたあのどろ〳〵の赤土色をした汁が、覚束ない蠟燭《ろうそく》のあかりの下で、黒うるしの椀に澱んでいるのを見ると、実に深みのある、うまそうな色をしているのであった。……（中略）……かく考えて来ると、われ〳〵の料理が常に陰翳を基調とし、闇と云うものと切っても切れない関係にあることを知るのである」

菓子の後光効果

菓子の場合のおいしい色はどうか。

私たちには菓子の即物的イメージから連想される色がある。肌、土、砂、草、空など共通の自然物に対する記憶色は一致している。記憶色と固有色は同義語である。だから菓子の持つ固有色は軽んじることはできない。

次に、菓子の心理的イメージから連想される色彩嗜好がある。これはすでに消費者の心に確立したイメージである。たとえば、銘菓に威光意識や価格意識を持つ顧客のイメージである。これは主として後光効果に起因するものである。

たとえば、菓子の包装の模様や色彩が気に入らないと、その味までも低く評価してしまう。

菓子のおいしい色とは？

銘菓も、素材が持つ〝味〟をひき出し、素材それぞれの固有色を生かして作られる。

次に、天然の固有色とは別に、揚げる、蒸す、焼く、炒める、ゆでる、煮るといった加工によって生まれた第二の固有色がある。たとえば、饅頭に橙色を刷《は》いてきつね色に、どら焼きの生地も弱火できつね色に、わらびのデンプンは弱火で煮ることで、わらび餅の透明な生地ができる。色彩はいつも銘菓の一部であって、私たちの目、心、感情、味覚などに強くはたらきかける。固有色と加工色が十分に得られるなら、それは私たちの自律神経を刺激して、食欲を促し〝おいしい色〟となる。

菓子の食欲をそそる色を、前述した四とおりの色彩調和に応用してみる。

①補色調和
互いに補色（反対色）の関係。黄が菓子で紫色の皿、紫の練切りにクリーム色の柚子を添えると食べたくなる。

②類似色調和
親戚の色二色の組み合わせ、松本萩の四方手付鉢（茶色）に黄色い菓子は類似色で食べたくなる。

③同系色調和
同一色相の濃淡の二色の組み合わせ。柿釉皿のベージュ色に焦茶の栗饅頭。白釉皿に白い菓子や黒い羊羹《ようかん》など。

④単色調和
有彩色と無彩色の組み合わせ。無彩色は銘菓の有彩色をさえて見せ、彩度を高めるはたらきをする。逆も同じ。輪島塗四方盛盆の深い黒を背景にすれば、どんな色の菓子も

彩度を高めて、食べたくなってしまう。

黒は甘味を深める

銘菓は重い色で作れば味わいを深め、軽い色で作ると味わいが淡白になる。たとえば銘菓の甘味は色が濃くなれば、それだけ甘味も濃く感じるのである。

棹物《さおもの》菓子の代表が羊羹である。小豆羊羹や小倉羊羹は黒に近く、甘味を濃く味わわせてくれる。白羊羹は甘味を淡く感じさせるので、朱や赤の四方銘々盆や黒の亀甲盆などに盛りつけると、器の濃い色に支援されて甘味を濃く感じさせる。

谷崎潤一郎は『陰翳礼讃』で、「……かつて漱石先生は『草枕』の中で羊羹の色を讃美しておられたことがあったが、そう云えばあの色などはやはり瞑想的ではないか。玉《ぎょく》のように半透明に曇った肌が、奥の方まで日の光りを吸い取って夢みる如きほの明るさを啣《くく》(注)んでいる感じ、あの色あいの深さ、複雑さは、西洋の菓子には絶対に見られない。クリームなどはあれに比べると何と云う浅はかさ、単純さであろう。だがその羊羹の色あいも、あれを塗り物の菓子器に入れて、肌の色が辛うじて見分けられる暗がりへ沈めると、ひとしお瞑想的になる。人はあの冷たく滑かなものを口中にふくむ時、あたかも室内の暗黒が一箇の甘い塊になって舌の先で融けるのを感じ、ほんとうはそう旨くない羊羹でも、味に異様な深みが添わるように思う」
室内の暗黒まで一箇の甘い塊になると強調している。

筆者（注）　啣は銜の異体字で「くくむ」と読み「口に含む」の意〈小学館『日本国語大辞典』より〉。

純色はワンポイントに

銘菓と器は、色の暖・寒を巧みに取り入れて季節感を演出する。寒い季節には暖色系を使い、絶妙な色彩調和を見せる。干菓子を美しく見せる黒の四方盆は、暖かさをあたえる。朱塗りも見た目に体感温度を高めてくれる。

盛夏の銘菓として寒色系は見るからに涼しげである。器に透明感があればもっと涼しくなる。たとえば、義山《ギヤマン》切子鉢のようなガラス鉢である。

彩度の最も高い赤の純色は、銘菓のワンポイントに使ったほうがよい。純色は私たちの体にはたらきかける。純色に白を加えて生ずる色を明清色といい、赤の明清色のピンクが銘菓にふさわしい色になる。

さらに純色に灰色を加えてできる色を中間色という。赤の中間色は灰色がかったピンクである。

明清色や中間色は心にはたらきかけ、銘菓の格調と品位を表わす。不思議なことに、明清色や中間色の銘菓は菓子自体を柔らかく見せてくれる。ところが、ある色に黒を加えて生じる色を暗清色というが、暗清色の菓子はかたく感じさせてしまう。

〝嵯峨《さが》の春〟は薄紅の道明寺《どうみようじ》皮に仕立て、氷餅の粉の下からほのかなピンクがうかがわれ、見た目に柔らかく、ぬくもりを心にアピールするのである。

〝がらん餅〟は伽藍石、いわゆる礎石を形どり、灰色味のピンク。

〝寒牡丹《かんぼたん》〟は薄緑色のこなしを茶巾《ちやきん》しぼりに仕立て、先端にほのかな薄紅を染め、氷餅を粉にしてまぶしたもの、灰色味の薄緑。

いずれも中間色の銘菓で柔らかさがあふれている。

棹物菓子の羊羹は白羊羹や紅羊羹は中間色だが、黒羊羹や小倉羊羹は暗清色で、かたく見える。

菓子の色十二カ月

鈴木宗康によれば「茶道によって発達した点心は京菓子の初めとなり、応仁の乱以後の京の衰頽《すいたい》に反比例して、京菓子は趣味本位をもって発達した。有職故実に重きを置き、鑑賞を尚《たっと》び、優美典雅で堂上風と調和した意匠を凝らして、形、彩、銘までも和歌、俳諧、花鳥風月に結びつけた。松風、朧夜《おぼろよ》などと、静寂、閑雅、幽玄などの日本趣味を代表した鑑賞的表現であって、それをまもるため京上菓子司を二百四十八軒に制限し協定をつくった。そこで京菓子のきこえが高まったという」と『茶菓子十二ヶ月』（淡交社）で強調している。

四季の永劫回帰は美しく限りなく変化する。銘菓は色が生命である。色はすべて季節的なもの、それだけに色彩象徴主義では、季節と月を次のようにとらえている。

春はパステル調（明清色と中間色）で、ピンクと緑がシンボル・カラー。春はラベンダー、クリーム、ペールグリーン、ペールブルーなど淡い明色を連想させる。

夏は彩度が高く鮮やかな色彩系（純色と明清色）、黄と青が代表である。白、水色、ターコイズブルー、琥珀《こはく》色、リーフグリーンなどを連想させる。

秋は濃い深みのある暗色系、橙と茶色に象徴される。枯葉色、ベージュ系、レンガ色、モスグリーン、黄土色、からし色を連想させる。

冬は灰色がかった中間色系、それに赤と黒がシンボルになっている。他に、シルバーグレー、濃い紫、金茶色、シルバーホワイトなどを連想させる。

十二カ月を色彩で象徴すれば次のとおりである。

一月、黒または白
二月、濃い青
三月、灰色か銀色
四月、黄色
五月、薄紫
六月、ピンク色
七月、空色
八月、濃い緑
九月、橙または金色
十月、茶色
十一月、紫
十二月、赤

以上の季節と月のシンボル・カラーは菓子の色、器の色のいずれにも有意義に使うことができる。まさに、日本人の色彩観は、季節の移り変わりで育《はぐく》まれたといえる。春は夢のように淡く、夏は強い太陽と涼しさに、秋は錦織りなす紅葉と荒寥《こうりょう》の枯野、冬は凍《い》てつく空と白色の雪原に、このような四季の色が美しく、おいしい銘菓を生むのである。

銘菓に蛍光灯は禁物

先ほどから繰り返すとおり、銘菓の照明も白熱電球の光色が最適である。蛍光灯だけという場合は銘菓の固有色がそこなわれる。菓子司の店頭の蛍光灯は、白熱電球のスポットライトで、ケースの銘菓を局部照明して補うべきである。

谷崎潤一郎は『陰翳礼讃《いんえいらいさん》』のなかで、「われ〳〵東洋人は何でもない所に陰翳を生ぜしめて、美を創造するのである。『掻き寄せて結べば柴の庵なり解くればもとの野原なりけり』と云う古歌があるが、われ〳〵の思索のしかたはとかくそう云う風であって、美は物体にあるのではなく、物体と物体との作り出す陰翳のあや、明暗にあると考える。夜光の珠も暗中に置けば光彩を放つが、白日の下に曝せば宝石の魅力を失う如く、陰翳の作用を離れて美はないと思う」といっている。

菓子司の店頭、とりわけケースの上の天井に、ボールランプ（白熱電球）かダウンライトを設置しただけで、売上高が三〇パーセント増に転じた例もある。宝石店では直管百十ワット、ダイクロミラー・ハロゲンランプを導入して、宝石の煌《きら》めきを見せている。

日光を封じ込めた色

茶菓子のルーツは上古《じょうこ》時代にさかのぼる。山野に自生した草木類の実であったという。鈴木宗康によれば「菓子の〝菓〟は木の実で、〝蓏《ら》〟（瓜《うり》の実）は草の実であるが、これをまとめて〝木菓子〟といったり〝菓蓏類〟ともいったりしていた。これには柘榴《ざくろ》、梨子《なし》、栗子《くり》、桃子《もも》など、いわゆるくだもの類が挙げられる。菓具類は核《たね》類のことで……（中略）……蓏類では瓜、真瓜《まくわうり》、斑瓜《まだらうり》、白瓜、茄子、郁子《いくし》（むべ）、葡子《ほし》（ぶどう）、連子《れんし》などの類が記されている」といっている。

十一代垂仁天皇の病気を治すため田道間守命（多遅摩毛理《たじまもり》）は、中国、インドを経て九年ののち橘をもち帰った。再、鈴木宗康によれば「……香果八矛《ほこ》、八縵《かけ》を持って帰ったが、天皇は崩御された後であったので、太后に半分を献上した後、奈良の御陵の前に献《たてまつ》り、『常世の国より持ち帰りしを復命する能わず、臣生けりとも益なし』といい残して、陵前で、殉死したと伝えられる。この霊薬は登《と》岐《き》士玖《じく》能《の》迦《か》玖《く》能《の》木実《このみ》といって、いろいろ説はあるが、橘であるといわれる」と明らかにされている。橘は蜜柑の原種とされ、その頃から日本で栽培され果物菓子の祖といわれ、田道間守命を菓祖とし兵庫県の中嶋神社に祀《まつ》られている。

木の実や果物菓子のほか、五穀（米・麦・あわ・きび・豆）を材料として、あめ、餅、団子、糒《ほしいい》・おこしごめ（おこしの元祖）などの上代菓子が神武天皇の頃あったといわれている。

食事をするとき、私たちは食べ物の色をじっと見る。食べ物の色はまさしく食べ物の味である。料理に凝りすぎると、しばしば食べ物の生き生きした色を消してしまう。食品の色は固有色を基本としている。そして、季節感はことごとく固有色（自然の産物の色）で表現してきた。この固有色こそほかならぬ「日光を封じ込めた色」そのものである。

食品の着色

食べ物の色は、心理学から見て、数多くの興味深い問題を含んでいる。食べ物の色彩は人間の目、心、感情、味覚などに強烈にはたらきかける。たとえば柑橘類でも魚介類でも、色の善し悪しが買うか、買わざるかの決定の要因となるのだ。

それで、現実には食品の着色は、広い範囲で行なわれている。個々の食品の色が、消費者の記憶と相違するため、そのギャップを埋めようとして着色される。すると消費者の記憶色も、また着色された方向に向かって変化する。それをこれまた人工着色が追いかける、といった循環で、もとの固有色からどんどん離れていく例も少なくない。

古くは、梅干しにシソを加えることで、ますます赤味を増したりし、またタクアンが純色に近い黄色にまでなった。タラコの色は赤く、バターも着色していることが多い。白すぎるバターはラードに似てしまうし、黄色すぎるとバターは腐った油脂に似て、ぐあいが悪いからであろう。タラコのように、本来の固有色(生タラコの色)と大きく離れてしまっては明らかに邪道だ。ともかく新鮮でない物を新鮮に見せようとすればサギであり、有毒な色素を使用すれば犯罪である。タクアンの着色剤オーラミンは発癌《はつがん》物質として有害であることが立証されて追放された。

消費者自身も、近年は着色食品を嫌う層が著しく増えてきた。タラコにしても、最近ではできるだけ自然色のままで、販売するようになっている。ナルトの紅色も、カマボコの赤も、極力、うっすらと着色されるようになった。

一方、食品の固有色に対する固定観念は、他の商品より非常に強く、それを無視した着色は、ほとんど失敗する。

アメリカのセントルイス郊外の実験農場で、白い三つの卵の試食会があった。いざ割ってみると、その中の二つの青味がかった卵黄、赤味がかった卵黄にびっくり。青卵黄

■スペクトル色における食欲訴求色

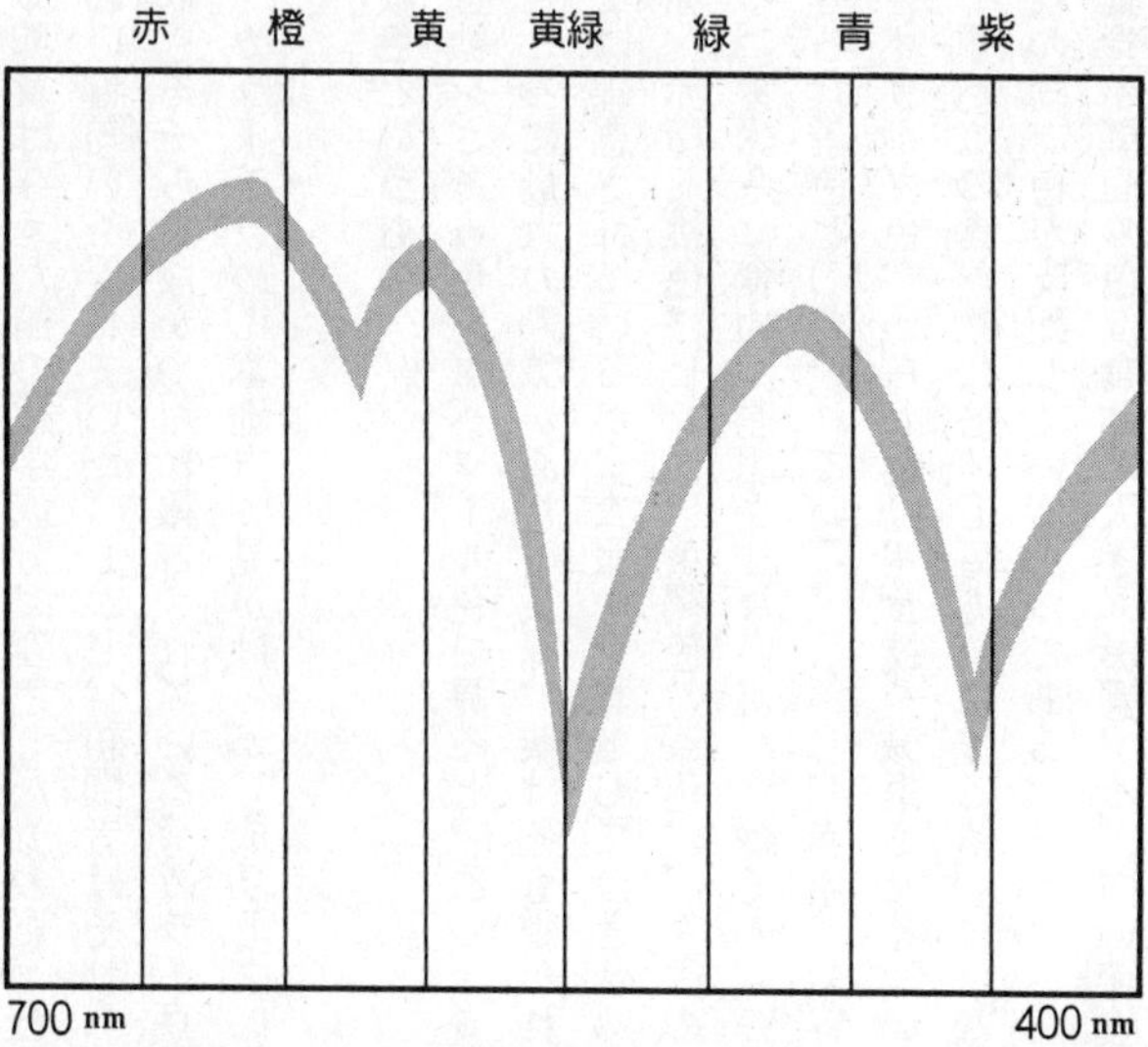

(注)この図は食欲訴求の色彩をあらわしている。
赤、橙、黄、緑にみられるピーク、さらに黄緑と紫の最低点を注目せよ。
青は直接食品を連想させないが、食品をひき立てるにはすぐれた色彩とみなされている。

(快)　赤橙と橙の領域……最も快い感覚を喚起する
(やや快)　黄橙……………………若干低下する
(快)　黄………………………回復
(不快)　黄緑……………………最低に落ち込んでいる（衣服や家具に流行性、食物には嫌悪感）
(快)　緑と青……………………快い感覚
(不快)　紫………………………低下
(やや快)　短波長末端…………若干回復

と赤卵黄は与えた餌の化学成分で変色したものだったが、もうひとつの正常な卵黄より味わいも匂いも優れていた。しかし、訪問者はそれらを見ただけで、ゾーッと身震いし食欲をそそられなかったと報告されている。カラー豆腐の試みもあったが成功しなかった。カラーそうめんも地方で見かけるが、成功しているとはいいがたい。

食欲色というもの

食欲をさそう色をスペクトル色で見ると、次のように赤橙、つづいて黄、緑青といったところに最大の人気があり、黄緑、紫は最も嫌われている。この黄緑や紫は食べ物としては嫌悪されているが、衣服や家具としてはきわめてファッション性が高くなる。赤、赤橙、桃色、ピンク、黄褐色、茶色、バターの黄色、淡く明るい緑色は食欲をそそる。青緑系は食物は連想させないが、青緑そのものは青や紫と同様に、食物をひき立たせる背景色として優れている。しかし、赤紫、紫、すみれ色、黄緑、緑黄、橙黄、灰色、オリーブ色、からし色は、食欲を減退させる。いうまでもないが食欲をさそう色でも、すべての食べ物に必ずしもあてはまるものではない。前述のように、食べ物はそれぞれの固有色が支配しているからである。

食堂の壁面の色は食欲に大きく影響する。白い漆喰《しっくい》が最高。続いて、オフホワイトの壁も気にならないし、絵をかけてもひき立つ。食卓、椅子、食器棚など木部は白っぽい木肌のものがよく、黒や焦茶はリラックスさせない。

テーブルクロスやナプキン、食器などの小物で色彩を楽しむことができる。大きい面積には白か、明るい色が、小さい面積には楽しい色がよい。

色彩はいつも食べ物の一部である。色彩が味覚に強烈にはたらきかけ、食器とともに食物を味わっているので、〃皿まで食う〃とは視覚的にはほんとうのことである。粗末な食器ではおいしい食物も、まずくなるというものである。

キッチンは白を七〇パーセント、スプレーグリーンを二五パーセントの面積にしてツートン・カラーの配色をすれば最高の台所になる。五パーセントのアクセント・カラーは赤橙か青。赤橙は最低の嗜好率である。しかし、台所のアクセントとして使われると人気抜群となる。青はアクセントとして金物類を連想させてよい。赤紫は一般に上位の嗜好率を維持しているが、台所に使われると嫌われる。

台所のベーシック・カラーは白、サブ・カラーがスプレーグリーンになると、上品で清潔な雰囲気になり、楽しく働くことができる。流し台、レンジなどステンレスが加わるが、色数をふやさないこと。たとえば、冷蔵庫は白かアイボリー、赤紫の冷蔵庫はいつも目ざわりになり、内部の食品も冷えた感じがしない。

照明が悪いと病気になる

S・G・ヒビンという照明技師が実験した晩餐会では、最高の食べ物や飲み物を用意し、さらに優美な音楽を演奏した。最初、客たちはすこぶる上機嫌だったが、会場の通常の照明を、突然、赤と緑のフィルター・ランプに切り替えると、会場の様子が一変した。そこでは食べ物や飲み物の色が変化し、白っぽい灰色のステーキ、ケバケバしいピンクのセロリ、灰色がかった紫色のサラダ、青豆はキャビアのように真っ黒、ミルクは血液のような色、コーヒーは吐きけをもよおす黄土色になった。ほとんどの客たちはうろたえ、食べることもできず、無理して食べた客は急病になったという。パーティは不成功、しかし実験は成功した。このように、料理をいただく部屋に青白い蛍光灯は禁物。暖かい白熱電球が最高である。

ある食堂でいつも片側の食卓が満席。おかしいなと思って調べたところ、客の好む食卓は赤色味の多い白熱電球で、マーガリン、トマト、スープなどが豊かな彩りに見え、嫌われたほうは冷たい昼光色蛍光灯で、ごちそうは緑色味を帯び、赤は濁って、見るからにまずく感じられた。

照明の色は気分を左右する。心理的・生理的ファクターである。演劇の舞台でも喜劇

■白熱電球・太陽光線・蛍光灯の分光分布

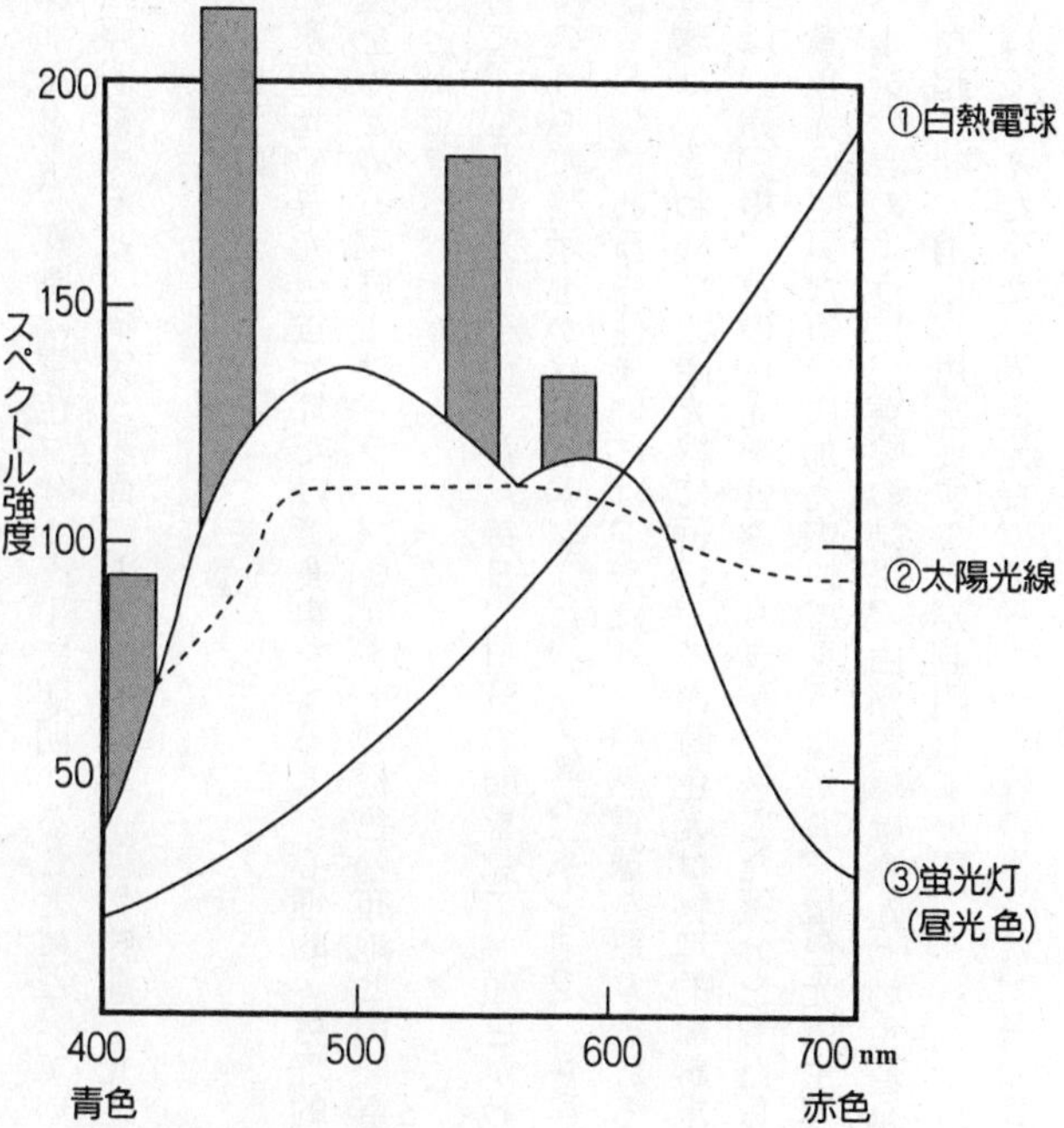

(注)①は白熱電球（タングステン・フィラメント）100ワットの場合。
②は太陽光線の連続スペクトル。すべての色波長を含んでいる。
③は蛍光灯（昼光色）。不連続スペクトルを帯状に放射し、別の連続スペクトルがバックにあらわれている。つまり励起光（水銀の光）が蛍光物質に完全に吸収されていない。

は黄色フィルター、悲劇は青色フィルターで照明することになっている。落語の高座に青や紫の照明をすると、噺家が懸命にしゃべるほど、薄気味悪く見える。

サヨナラ、蛍光灯

冷たい寒色光の昼光色蛍光灯だけで食事をすると、心理的・生理的に〝ソン〟だ。休息と生気をもとめる家庭では、ランプシェードの橙色の布地と白熱電球の光源で再生をはかることができる。

化粧台に、もし蛍光灯を使うと、毎日、自分の顔を見て「顔色がわるいなあ」と知らず知らずのうちに暗示をかけられ、〝やる気〟が鈍ってしまう。私たちは被暗示性の強い〝生きもの〟である。住まいには、やはり、白熱電球を取り入れることだ。

白熱電球は、きわめて太陽光線に近い。その暖色光は物理的に訴求力があり、スペクトル特性は、赤、橙、黄の色光を含み、リラックスした気分をもたらすインテリアを演出する。黄色光は陽気な気分に加え爽快感をうながし、橙色光は生理的に活発化させる。一六七ページの表のように、実験の結果、白熱電球は私たちの自律神経系統を刺激し、空腹感を喚起させ、消化作用を促すことが判明している。

蛍光灯はくすんだ冷たい寒色光で、前ページの表のように、そのスペクトル特性は不連続スペクトルである。分光分布は短波長（青色光）のほうに強く現われ、自律神経系を鈍らせ、空腹感も覚えず、消化もふるわない。

太陽光線は連続スペクトルで、最高の光であるが、夜間、太陽に代わる光源といえば、白熱電球に勝るものはない。

こういう実験がある。長時間蛍光灯の下で過ごしつづけ、また糖尿病でほとんど目が見えなくなり、昼と夜の区別もつかず、四年間、目の血管の出血に苦しんできた同僚の写真家に、J・N・オットはその実験で、できるだけ戸外で生活することをすすめた。写真家は寸暇を惜しんで太陽光線に当たるよう心掛け、六カ月後、歩道の識別もできるようになり、目の充血も消えた。

J・N・オットの講演を聞いて、ある放送局のマネージャーは局の蛍光灯が、どうやらスタッフの動揺の原因ではないかと考えた。そこで局のスタジオを魅力的にしようと、ピンクの蛍光灯を取りつけたところ、二カ月もしないうちに、スタッフはお互いにけんか腰になり、マネージャーと他二名が辞任を迫られた。ついにアナウンサーは「いまいましい蛍光灯（ピンク）を取りはずさなければ、私は辞めますよ」といった。

いうまでもなく、ピンクの蛍光灯は取りはずされ、早速、自然光の白熱電球に取り替えられると、奇跡的に、一週間のうちに、短気からカッと怒ることがなくなり、気心も通じ合うようになった。辞表は撤回され、作業は全般に好転した。

そのほか、こんな例もある。アメリカのある比較的新しい学校では、すべての自然光を締め出すため、窓ガラスは黒、照明は蛍光灯だけというところがある。教師たちは必ず問題が起こりそうだという不安を持っていた。案の定、子どもたちに情緒不安定の子や不安感を持つ子がしだいに増えはじめたという。

5 着る色で性格が変わる

スミレ色の服はやさしい気持ちにさせる

制服やきまりがなければ、人は自分の好きな色を着る。着ているものの色で気分も変わり、やがて人柄や性格にも変化が起こる。

体の状態によって、着る色も変わる。体が健康なら、いつもの好みの色でよいが、体がだるくて病的な状態だと、赤やピンクを着ることを好まなくなる。

色には不思議な力がある。

真紅色は、男性・女性の性腺の分泌を促進させる。昔から、赤いふんどしや赤い腰巻きは、生殖器の発達をよくする力があるといわれてきた。

緑色は頭痛をやわらげたり、目を休めてくれる。緑の鉢植、草原、森林などなど。緑は生物が内部から生き生きする色である。それだけに、あまりに鮮やかな黄緑は、敏感な人に下痢を起こさせるほどなので注意が必要となる。便秘には黄色、逆に下痢には青色が効く。

オレンジ色は成長ホルモンを、紫は女性ホルモンを促すといわれている。女性はスミレ色の服を着るとやさしい気持ちになる。

健康にいい下着は白

健康に最もよい下着の色は白。白は有効なスペクトル色を含んだ光を透すからだ。カゼをひいたら、白湯《さゆ》を三杯飲んで、ふとんをかぶって汗をかき、綿の白い下着を何回か取り替えるのが一番である。

色に影響されるのは着ている本人だけではない。周囲の人たちも大きな影響を受ける。男性は、赤、ピンク、赤紫の色を見ると、官能的に感じる。振り向いてくれない彼の気をひこうと思ったら、赤い服を着てウロウロすることである。

健康的にアピールしたいなら朱赤やオレンジがいい。コンパなど大勢のなかで愛想笑いしなくても、自己主張したかったら赤紫が効果的。

年齢に関係なく、女性が一番かわいく見えるのはピンクを着たときである。

一方、女性は薄紫、スカイブルー、赤紫の色を見て官能的に感じる。

ラベンダーや、スミレ色、水色、ピンクといったパステル調の色は、体より心にはたらきかける。逆に純色（一番彩度の高い色）や原色は、心より体に直接はたらきかける。

寒い日には赤いソックスをはくと足の裏がポカポカ、水色のパンツをはくと腰が冷えた感じになる。

官能を高めるドレス

ライラック色のブラウスや衣服を着たとき、女性は自らの官能を満足させて、よりいっそう女性らしく振る舞う。周囲からこの女性はやさしい女性と判断される。

黄色は喜劇の色といわれ、思わず笑い出したくなるような作用がある。他人に会うと緊張してあがりやすい人には、互いの気持ちを解きほぐすはたらきがある。

ブルーは人気ナンバーワンの色。明るく鮮やかなブルーは、さわやかでスポーティー、くすんだ青は落ち着く。ブルーを着るとやせて見える効果もある。加えて、年齢が十歳も若く見える。太った人がブルーを着て、実際に体がスマートになった例がある。

オレンジは健康で活動的な色。オレンジを着ると、テキパキはたらくから不思議である。食事をつくるときは、オレンジのエプロンが一番。家庭的で丈夫な奥さんのイメージ。食欲がわく色でもあり、レストランなどでよく使われる。

ライラックなど紫は、もともと高貴な色。位の高い人の衣装などに使われた。セクシーなイメージも強いので、大人の女性を意識させるが、淡いライラックは私たち黒髪の日本人にとっては着こなしがむずかしい。ライラックは、若いうちはイヤらしく見える危険もあるので、アクセントとして使う。

仲間と同調しながら仕事をするには、生成《きな》り色、ベージュ、ブラウン系。ベージュ系、それにチャコールグレー系、鉄紺（濃いブルー）系は、職場の上司の信頼を得る色である。

職業別色づかいをマスターする

仕事の種類によって職場の雰囲気がちがうように、職業により好まれる色もちがう。女性の場合、銀行員や公務員に要求されるのは、冷静で潔癖で几帳面なこと。落ち着いたコーラルピンクに白の組み合わせなどがベター。ウキウキはしゃいだ気分のときは、濃紺や黒で感情をかくしておく。メークは自然に。

営業は、はじめに積極的に出るために赤。慣れたお客さまにはベージュや茶、黄色などでなごやかさを。メークは色の数を少なくする。

デザインなど創造的な仕事では、あまりカジュアルにならないようプロっぽさを強調。グリーンやパープルを上手に使おう。

保母さんや子ども相手の仕事なら、暖色系が好かれる。他方、知的レベルの高い職場では原色を避ける。

最もリラックスできる色はベージュ。肌の色に近いから、筋肉の緊張度が低い。次にブルー、グリーンの順で、最高に緊張するのが赤。緊張する式典などで赤を着たらダメ。周囲に溶け込んで仕事をするには、生成りやベージュ、ブルー系がよい。

職場でのファッションには、ちょっとしたテクニックが有効だ。

紺色は、なぜか利口に見えてしまうという得な色。そのうえ控えめな印象を与えるのは、青が赤に比べて、七メートルもひっこんで見えるという効果によるもの。奥ゆかしさに重きをおく日本人が好むのも、当然といえる。会社の面接や上司の評価は、絶対に紺色が優勢。

仕事がうまくいかないときや、用事をいいつけられたくないときは、できるだけ目立ちにくいグレー。グレーは大勢のなかに埋没してしまう色。オフィスでは、くすんだ色がなじみやすい。ハッキリした色は自己主張が強く、あいまいな中間色は目立たない。

Ⅳ 社会を動かす色彩術

1 色の文化人類学

私たちは生まれた地域の気候、風土、緯度などによる地域特性に照応するようになっている。

ラテン系の人は原色好き

ラテン系の民族は、ブルネット・タイプといわれ、その特徴は皮膚が浅黒く、髪と目の色が黒（または茶色）で、背丈は低く、ずんぐりしている。その典型は、イタリア、スペイン、ラテンアメリカの人びとである。さらに赤道に近い国々の人びとはラテン系が圧倒的である。彼らは暖色系嗜好で、とくに、赤、橙、黄を好む。豊かな太陽光線によって赤色視覚が発達したからだといわれる。

私たちも寒い気候風土から暑い気候地帯へ旅行するにつれ、〝サンライト〟が増大し、〝スカイライト〟が減少してゆくのを経験する。北緯二十二度のホノルルやカルカッタの光は、北緯五十一度のロンドンの二倍の強さ。赤道下のケニヤの光はロンドンの二・二五倍の強さに達する。

この強い光が人びとに太陽順応をさせた。ラテン系民族の目の網膜を見ると、その中心窩《か》に強烈な色素形成が認められる。そして赤色視覚が発達し、そのため、ラテン系は赤を見ると歓喜し、その性格は外向的、率直、衝動的なのである。

彼らの多くは、つねに鮮明な暖色系の衣服や日用品を愛用する。それは、さえた補色系（日本でいうなら茶摘みの新緑に対して補色の赤だすき。紫色の海に対して補色の黄の腰布）で立ち向かわなければ、生理的、感覚的に満たされないからである。これをパレット効果（palette effect）という。

日照のよい地域では強い色で、くもりがちの地域では弱い色で、それぞれ色彩対比を生理的・感覚的に充足させる。

南太平洋のタヒチ島で、先住民が黄色の腰布をつけるのは、海が紫色のためその補色対比の黄色が先住民の目を満足させ、安らぎを与えてくれるからだ。

北欧系の人はパステル調の寒色系を好む

北欧系民族は、いわゆるブロンド・タイプといい、その特色は皮膚が白く、髪は亜麻色（金髪）で目が青い。しかも、背丈がすらっとしていて長頭だ。その代表は、北欧人（北欧ゲルマン系）やスカンジナビア人（スウェーデン人、ノルウェー人、フィンランド人、デンマーク人）。さらにアイスランド人まで含まれる。

彼らは寒色系嗜好で、とくに、薄紫、スカイブルー、エメラルドグリーンなどのパステル調を好む。目の網膜は緑色視覚が発達し、いろいろに異なった色素形成が見られる。性格は内向的で、落ち着いたもの静かな人びとが多い。

これらを裏づける傾向は、動植物の分布にも明らかに見られる。アマゾン流域に見るオウムの極彩色。ヘビは橙色に黒のしま模様。ハイビスカスのしたたるような真紅など。北極の氷山に白クマはいても、黒クマはいない。ツンドラ地帯には白い花が咲く。北南両極地帯を頂点とする高緯度地方では、特有の白夜《びゃくや》の影響から、紫、青、緑など短い波長によく反応するようになる。

北欧系の人びとは、太陽光線の乏しさから、目も弱くなり、色彩の好みも、純色（彩度が一番高い色）から、パステルトーンに変わってしまう。たとえば、赤よりピンクを好む。動植物の分布も、高緯度地方へ近づくにつれ、純色からパステルトーンへと、さらに白くなる。私たちの色彩嗜好は、まさに太陽光線と空気の透明度によって影響されている。

東京の日照率は四五パーセントである。東京のような都会の色彩嗜好は、くすんだブルー、チャコールグレー、ベージュ色、それに、パステルトーンに落ち着く。都会のパ

■色彩嗜好のパターン

類型	民族的類型	性格的類型
暖色系（ラテン系民族）	ラテン系民族（Latin）が好む。ラテン系民族はいわゆるブルネット・タイプ（the brunet complexion type）で、皮膚が浅黒く、髪と目の色が黒（または茶色）である。ブルネット・タイプはとりわけ赤色を好む。赤色視覚が発達し、網膜の中心窩における強烈な色素形成がみられる。	刺激、興奮を促すので、外向的人間（the extroverted being）が好む。率直で、衝撃的な人びとは一般にどんな色彩でも好むが、とくに暖色系を好む。子どもは素朴な反応を示す。
寒色系（北欧系民族）	北欧系民族（Nordic）が好む。北欧系民族としては北欧ゲルマン系民族、スカンジナビア人、アイスランド人であるが、いわゆるブロンド・タイプ（the blond complexion type）で、皮膚は白く、髪が亜麻色（金髪）で目が青い。しかも長身、長頭である。ブロンド・タイプはとりわけ青色と緑色を好む。緑色視覚が発達し、かれらの目の網膜には、いろいろに異なった色素形成がみられる。	落ち着き、沈静を促し、内向的人間（the introverted being）が好む。保守的で、もの静かな人びとは、概して色調の落ち着いたものを好み、とくに寒色系を好む。成人は慎重な反応を示す。

レット効果はパステルカラーということになる。ちなみに、アメリカ西部やフロリダの日照率は八〇パーセントである。

日本でも田園や山岳地帯では、太陽光線との対比で、赤、橙、黄の暖色系、それも彩度の高い色が好まれる。海浜地帯では、青い海との対比から白が最も好まれる。水着などはパレット効果から、黄、橙、赤の純色が好まれる。

日本人の色彩感覚

長い歴史をふり返ってみると、日本人の色彩感覚の原点は、絹とヒノキの光沢《こうたく》が放つパステルカラーに見られる。

日本へ養蚕技術が伝わったのは弥生前期（紀元前二〇〇年頃）といわれ、倭人《わじん》の先祖が、揚子江流域の江南地方から日本列島へ移住し、稲作の技術と養蚕の技術をもたらしたともいう。『魏志倭人伝《ぎしわじんでん》』にある卑弥呼《ひみこ》女王の時代は弥生前期から三百五十年経過し、すでに錦を織っていたと記されている。

五世紀の半ば頃、染織の技術者が大陸から渡来して、赤、黄、緑、青などの色糸をつくり、染色の無地染では、赤は茜草《あかねぐさ》、青は山藍《やまあい》、黄は刈安《かりやす》、紫は紫根といったパステルカラーの植物性染料であった。

平安時代（七九四〜一一九二）の重色目《かさねのいろめ》は四季に応じた自然の色であった。元禄時代（一六八八〜一七〇四）に入ると、友禅染めの優雅婉麗《えんれい》な彩色はパステルカラーとアクセント・カラーの純色で絹の染色の深みを発揮した。江戸時代の色は泰平になれて、パステルカラーが盛んで、濃厚な色を野暮なものと軽蔑し、粋《いき》を求めたのである。

ヒノキは日本では有史以前から使われている。『古事記』および『日本書紀』に登場するのは五十三種の樹種、二十七科四十属に及ぶ。そのなかで有用樹種としてヒノキ、マツ、スギ、クスノキをはじめ十数種が含まれる。

ヒノキの強度は二百年ぐらいまで漸増し、千余年でようやく新材と同じ強度に戻るといわれている。

飛鳥時代（五九二〜七一〇）、聖徳太子が法隆寺などの寺院を建立。法隆寺のヒノキの古材は創建当時の強度とほとんど変わっていない。西洋が広葉樹を基盤とするのに、日本は針葉樹を主材としてきた。針葉樹の木部は仮導管が九〇パーセント以上を占め、木肌は精細でキメ細かく、柔らかな絹糸光沢を放ち、白木《しらき》のままで美しく、絵絹の肌のようなうるおいがある。

ヒノキは神殿・宮殿に使われ、木材の素地のままを生かし、白木造りである。これは大きな日本の伝統となっている。自然の材料の色をそのまま用い、その特色を美しく発揮させた。平安朝の寝殿造りにも白木の優美さが好まれた。京都の桂離宮は一六一五年頃建てられた茶室を住宅へ拡充した数寄屋《すきや》風様式で、自然のままの材料の美しさが基本となっている。

茶道を大成させた千利休（一五二二～一五九一）は、後述するように建材など自然のままを用い、そのパステルカラーで「侘《わ》び」「寂《さび》」という茶道の精神を表わした。ヒノキの白木の肌は時がたてばやがてくすんで「寂」に転じ、パステルカラーの「温もり」を日本人は愛《め》でるのである。

絹とヒノキは手をつないで、日本の歴史を彩りつづけてきたともいえる。

日本の色は木の色

いまや昔の話だが、フラスンの有名なデザイナー、クリスチャン・ディオール（一九〇五～一九五七）が来日したとき、なによりも能を鑑賞したいと希望し、能装束の美しさに感嘆した。とくに白足袋《たび》の動きに〝無限の空間を見る〟といったそうである。白足袋が、彼をそれほど感動させた謎は、白足袋を浮き立たせた能舞台（三方をあけ放して、四本の太柱に囲まれた三間四方堅板張りの建築）の木の色である。日本人の木材への愛着の深さは、他民族とは比較にならないほど強い。

日本人のもともとの衣食住は、比類のない自然観から木との共存によってつちかわれてきた。能装束をはじめ、呉服の色は華麗な振り袖から地味な紬《つむぎ》に及び、懐石料理、お節《せち》料理、寿司、そばに至るそれぞれが、木材との調和で演出された。

神社、仏閣から茶室にわたる建物は、いうまでもなく木質の造形美そのものであった。室町時代以後、武士の住まいは床の間、違い棚、書院、玄関などが取り入れられ、安土・桃山時代から江戸時代になると、白木造りで自然美を求めた。そこで茶室風の数寄屋造りが流行。これらの伝承のなかで、日本人の衣食住の感性が磨かれてきたといえよう。

過去の日本人の衣食住を眺めてみると、一般庶民の衣服は、紺がすりや藍《あい》みじんなど、青系統がきわめて多い。江戸時代、田舎侍のことを浅黄《あさぎ》裏《うら》といって軽蔑した。ご存じのように、〝浅黄（浅葱）〟は浅い黄色ではなく、〝濃い水色〟のこと、やはりブルー系統である。この浅黄を羽織の裏につけているのを野暮としたのは、それだけ青系統が平凡な大衆色であったことを告げている。

結局、染めやすく、かつ、褪色《たいしょく》しにくく、そのうえ、安価な染料として、畑で栽培される藍玉に追随できるものがなかったのだ。

お国柄で異なる「高貴な色」

前述とは逆に、〝高貴さ〟を示す色などは、民族や国家により違いが大きい。ヨーロッパなどでは、国旗や国王、領主の紋章の色、教会のカラーによって左右されることが多い。一般に白や青が高貴とされるが、旧ソ連や社会主義国では赤が尊重される。ロシア語で赤は、同時に〝美しさ〟を意味し、かつてのシンボルが赤旗であったことは周知のとおりである。

日本では、赤よりも白が高貴さを示すが、これを白い旗の源氏が赤い旗の平家を討ち破ったせいだとみるのは、少々こじつけかもしれない。しかし、上代《じょうだい》の日本では、赤系統の緋色が、紫や青に比肩する高貴色とされていたから、このこじつけも案外、捨てることはできないかもしれない。もし、平家が天下をとっていたら、赤い色は日本人にとって、より〝嗜好色〟ないしは〝尊重色〟として親しまれたかもわからない。

今、触れたように、封建時代以前の日本では、紫色は、とくに尊貴な階級の色として、一般には使用禁止、すなわち〝お禁色《とめいろ》〟となっていた。庶民が紫色を衣服に用いて、処罰された実例も残っている。

この紫色を、初めて官制色と定めたのは、記録に残るところでは、聖徳太子である。聖徳太子は、飛鳥朝廷の官制を改革し、官吏の冠位を十二階に定めたとき、その階級を、紫、青、赤、黄、白、黒の六色の冠で表示した。

聖徳太子といえば、憲法十七条を定め、仏教を導入し、ついでに一万円札のシンボルとなった日本上古代での偉人だが、同時に、日本でのカラーシステムの開祖として、色彩学上でも尊崇するに足るのである。

さらに紫の高貴例としては、僧侶の位による衣の染め分けがある。これも、高位から、紫、赤、青、黄、緑、白の順となっていた。下って、江戸時代の相撲取りは、横綱にかぎって紫色の化粧回しが許された。現在も、最高位の行司は紫の房の軍配を持つ。だから、紫式部などというのは、当時最高のペンネームだったといえる。

こうした地域社会、民族社会に独特な色彩連想、これが強制的な性質を帯びたり、偏執的な傾向となると、〝色彩のタブー〟、〝色彩の偏見〟となるが、これらは、社会の成員が、その社会に従属する度合いが強ければ強いほど、強く作用するということになる。

色は社会の特質を反映する

ここまでいかなくても、その社会に通用する色に対する固定観念が存在し、社会成員は無意識に、その固定観念に従うということがある。この傾向は、その社会が、保守的で閉鎖的であるほど強いということは、他の固定観念と変わらない。

男は黒っぽいものを着、女は赤っぽい服装をするというのも、一種の色の固定観念である。戦後の日本になって、それが崩れたというのは、戦前と戦後のふたつの時代の保守性、閉鎖性の差ともいえよう。

現在も、女性の衣服は大ざっぱにはアメリカ、フランスの影響を受け、男の背広は保守的なイギリスの伝統の影響を受けている。その結果、背広の色調は、紺、灰色、黒、茶を中心とした著しく制限された色彩エリアから、なお脱出しきれない。服装面では、男性社会は、女性よりはるかに保守的である。

社会が固定し、個人の独立解放が遅れている社会では、色彩は単純化しやすい。強い連帯下にある農村などで、ひとりだけ村人たちと違った色の服装をすることは、大きな勇気がいるであろうし、それは一種の反社会、反体制的行動ともなりかねないのである。

以上のことから、グローバルに進行しつつある社会の民主化、個人の独立と解放は、色彩の自由化と強く結びついていることが、容易に理解できよう。

社会の慣習や諸権力から、個人が解放されるということは、同時にそれらに付随する色彩連想や色彩タブーからも解放されるということである。その後にくるものは、個人の自由な嗜好にしたがって色彩を選択し、色彩それ自身の持つ美を鑑賞し、楽しむ状況である。それはまた、あらゆる分野の商品に対し、自由な色彩嗜好が向けられるということにもなり、それだけ、多様な色彩に対する需要が、ますます増加するということになる。

この傾向は、今後、社会が逆行しないかぎり、増加の一途をたどることは間違いない。

根づよい呉服の伝統的嗜好

ところで、青系統は、藍染めなど、昔の日本の衣服における大衆色であった。そうした伝統的安定感から「青なら無難」という気持ちで好まれる。純色（最も彩度の高い色）でも、青ならわりあい好かれるのは、〝清潔感〟への色彩連想だろう。

同じ意味で、白は清潔を連想し、嗜好率は高い。呉服では青と白を組み合わせると、絶妙な美しさを見せる。黒も意外に好まれるのは、西洋のように悪魔への連想がなく、喪色でありながら礼式の色、紳士色というイメージが強いからだ。これも青に白の組み合わせと同じく、黒に白が組み合わさると一段と〝黒さ〟を美しく見せる。

黄金色も、黄金、もしくは稲穂を連想させる収穫の色、豊かさの色として、欧米人よりもはるかに好意的に見られている。

派手と地味は染織の精緻さの両極である。

第一に、派手を代表する友禅染めがある。元禄時代に、染織は未曾有の黄金時代を現出した。織りから染めへの転換期であった。京都の知恩院の門前に住んでいた扇絵師、宮崎友禅斎によって友禅染めが創始された。

この優雅婉麗な模様染めは、振り袖として愛用され、大衆化したのは近代のことである。明治十年頃、京都で色糊と型絵による友禅技法が発明され、友禅染めが初めて大量に生産されるようになった。友禅は派手の代表で、純色をふんだんに彩色して目にまばゆい。

第二に、地味を本質とする紬《つむぎ》がある。

大島紬や結城紬など地味の典型で、この地味な大島には派手な紅絹《もみ》を裏地とした。〝蹴出《けだ》し〟と同様に、見えないところに〝しゃれる〟という日本人の裏まさりの美学である。

このように、着物の色を七〇パーセントのベーシック・カラーとすれば、帯は二五パーセントのサブ・カラー、帯揚げなど小物が五パーセントのアクセント・カラーで、呉服は色彩面積の高度な配分を完成させている。

山川草木、箱庭的な自然美に囲まれ、四季の回転による色調の微妙な変化で訓練され、日本画の墨絵に見る無彩色の色彩観、「侘び」、「寂」といった「渋さ」の感性を発達させてきた日本人は、他民族にも勝るこまやかな色彩嗜好をたくわえてきている。カラーフィルムやカラーテレビにしても、たちまち欧米先進国をしのぐ色彩技術を示したのも、理由のないことではない。サイケ調の流行が、つかのまの線香花火に終わったのも、日本の呉服の伝統的嗜好が、なお根づよいことを示している。

2　考察・「侘び」の色彩

茶道と「侘び」

「侘び」は茶道でいう閑寂な風趣で「簡素のなかにある落ち着いたさびしい感じ」を表わす。茶室建築に、素材を生かした簡素な色彩美が生まれ、室町時代の茶道《さどう》(注)の興隆とともに茶色系を中心にシブ味のある色が「侘び」を表現したのである。

室町時代（一三三六〜一五七三）の約二百四十年間に、武家造りが衰えて書院造りが起こり、茶室もつくられた。書院は客座敷で、玄関、床、棚、書院を持ち、木部は素木（しらき）、青畳、紙張障子の白さなど、素材の自然のままの固有色を生かしている。

当時、茶道の始祖、村田珠光《じゅこう》（一四二三〜一五〇二）の茶室は四畳半で、壁は鳥の子紙（雁皮《がんぴ》と楮《こうぞ》をまぜてすいた和紙）の白張付、天井は節なしのスギ板、床は一間、屋根は宝形《ほうぎょう》造りの簡素な色彩美だった。

しかし、安土・桃山時代（一五六八〜一六〇〇）に信長、秀吉につかえた茶人、千利休（一五二二〜一五九一）は豪華な書院や庭園ではなく、草庵と露地のなかに新しい美を発見、草庵風の茶室を完成した。

その材料は砂壁、土壁、面皮《めんかわ》（皮付きの柱）、竹、葦《あし》、木賊《とくさ》に及び、自然のままの姿を使い、道具、茶人の衣服も中間色で「侘び」という茶道の精神を表現した。今日の利休白茶《りきゅうしらちゃ》、利休茶、利休鼠《りきゅうねず》といった利休色にその精神を残している。

筆者（注）茶の湯。茶の湯の道のことを茶道というのは、江戸時代までは稀であり、また茶頭《さどう》（茶事を司るかしら）との混同を避けるために、「ちゃどう」というのが普通だった。現代では「さどう」という。

●江戸時代……茶頭《さどう》　茶道《ちゃどう》
●現　代……茶人《ちゃじん》　茶道《さどう》

自然美に潜む「侘び」の色彩

太陽が春を告げると、あらゆる植物の新芽が一斉《いっせい》に萌え出でて、生命の営みである光合成を始める。植物に光と影がたわむれて、すさまじい勢いで新緑が広がってゆく。そして自然美は、ひとつの色相から他の色相への鮮やかな推移を、たえまなく繰り返すのである。

光合成は木の葉や緑をつくるクロロフィル（chlorophyll；葉緑素）の助けをかりて、空気中の二酸化炭素と、根から吸い上げた水や養分と、太陽の光でぶどう糖やデンプンなどの炭水化物のほか、脂肪、アミノ酸、たん白質などをつくる。

芳しい森林、美しい平原と、その背後にくっきりとした輪郭でそびえる険しい山々、牧歌的な牧場、耕された田や畑など、そのいずれも新鮮な緑一色に彩られる。これらの緑は光合成を終えると茶色、紅、黄に変わるのである。

その理由は秋になって気温が次第に下がり、根や葉のはたらきが衰えると、葉のなかのクロロフィルがこわれて、緑色が消え、代わってアントシアンという赤い色素が現われ紅葉に見せる。

イチョウやヤナギなど黄色くなるのは、葉にふくまれていたキサントフィルやカロチンという色素が現われたためである。これらの色素は、ふだんはクロロフィルによって消され、現われなかったのである。

紅色《べにいろ》になる植物はカキ、ツタ、ヌルデ、カエデ、ニシキギ、ドウダンツツジなど。黄色はイチョウ、カツラ、ユリノキ、イタヤカエデ、ポプラなど。

季節が露をふくんだ野原の香りから、鋭く耳をすます枯れ野のかすかな響きに一変すると、物寂しい気分がとめどなくあふれる。枯れ葉色、紅色、黄色をはじめ、どんな色も茶人の叙情次第で「侘び」の色となり得るのである。

東山時代（室町時代のうち八代将軍足利義政の治世時代の概称。日本史とくに芸能史上の区分のひとつ）は、能楽・絵画・建築・工芸・茶の湯・築庭などの諸分野が集中的に体系化され普及し、東山文化といわれた。この時代に流行した書院茶に対して、村田珠光以後、安土・桃山時代になって、千利休が侘び茶を完成させたと伝えられている。千利休は、飽くことのない創作力の渇きを、もっぱら侘び茶の和敬清寂の境地でいやし、その芸術的な開眼は、凡俗をこえ、静謐《せいひつ》のきわみ、宗教的な忘我の境にまで茶道の精神を高めたのである。

茶の湯の懐石と器の色

茶の湯の懐石（温石《おんじゃく》で腹を温めると同じ程度に、腹中を温め空腹をしのぐもの。茶の湯で茶を出す前に出す簡単な馳走）は一汁三菜を原則とし、飯と香の物がつき、これに小吸物・八寸（酒肴）・酒・湯桶《ゆとう》（食後のゆつぎ）によって全体を構成する。飯椀・汁椀・飯器がいずれも黒、膳の四方盆も菓子器の縁高《ふちだか》も黒を基調にするのは、懐石の微妙な味わいを一段と深めるからである。

楽《らく》家初代長次郎（一五一六〜一五九二）は、利休七種ないし長次郎七種の赤茶碗（朱に近い）や黒茶碗を製作し、利休の期待にこたえた。利休は種々道具の趣向をすべて選り分け、絶対的な「侘び」の世界をめざして、その象徴性を楽茶碗の赤と黒に託すのである。黒茶碗「大黒《おおぐろ》」は長次郎楽焼茶碗の基準作例として、「侘び」が高度に凝縮された作品であり、不思議な香りを添えている。長次郎は安土・桃山時代の陶工。楽焼の始祖。姓、田中。千利休の指導のもとに、火度の低い手作りの茶碗を焼き、豊臣秀吉から楽の字を賜ったといわれる。

一千万色を見分ける日本人

私たちの目の網膜は、非常に複雑で、微視的構造を持つ。数層の細胞層の中で視細胞層には、錐状体《すいじょうたい》（cones；ひとつの目に大体七百万個ある）と桿状体《かんじょうたい》（rods；ひとつの目に大体一億三千万個ある）とよばれる二種類の視細胞がある。網膜の中心部、中心窩《か》は視力の最もよい部位で、錐状体だけで成り立つ。錐状体は明るさや運動に反応するが、とくに「色覚」が発達している。中心窩から離れるにつれ、桿状体が数を増し、完全に錐状体がなくなる。桿状体は明るさ、運動、落ち着いた光に反応し、とくに「光覚」が発達している。

これらの錐状体と桿状体のはたらきで、私たち日本人は一千万色を見分けることができる。優れた視覚は長期にわたる訓練、実践、経験によってのみ獲得される器官機能であるという。

成人の視覚は観察と観念の累積であり、幼児は焦点調節も、自分の見るものを正しく理解することもできていない。人間は脳が優れていることから、下等動物の目よりずっと優れて物を見ることができるのである。

色数だけなら赤、橙、黄、緑、青、紫、白、灰色、黒、ピンク、茶色、金、銀の十三色。ところが、イギリスの物理学者・ニュートンは太陽光線（白光）をプリズムで赤、橙、黄、緑、青、藍、紫といった虹の七色に分光した。これらのスペクトル色を持つ障子紙の透過光が、茶室の楽茶碗のマチエール（matière；フランス語、表面色の材質的効果をいう）に見事に散乱する。同時に、それは無数の反射光となって茶人の目にかえってくる。楽茶碗の表面の細かい「あや」が一千万色に達するのである。

赤茶碗と黒茶碗

赤茶碗は「動」で、黒茶碗は「静」である。しかし、両者は見かけの色の差こそあれ、本質的に同じはたらきをする。

赤は赤でも朱、橙、黄と、時に意外な色をハッキリ見せることがある。赤のシグナルは茶人の自律神経を刺激することから「動」の有彩色といえる。

黒はあらゆる色をたくわえている。茶人の注視に黒はどんな色にもなりきれる。実験では、白茶碗と比べて黒茶碗は一・八七倍も心理的に重く感じてしまう（四七ページ図参照）。さまざまの色相を内蔵した「静」の無彩色。黒は神秘の色である。文字どおり、幽玄そのもの。

赤茶碗と抹茶（緑）の組み合わせは「補色（反対色）関係」である。赤と緑は互いに彩度を高め合い、抹茶の緑は「動」に転ずる。

黒茶碗では、黒と緑は「単色調和」になる。黒、灰色、白の無彩色の一色と、有彩色一色との組み合わせは、無彩色が有彩色の彩度を高める。黒のはたらきで、抹茶の緑はいよいよ深みを増し「静」に落ち着く。

抹茶の緑の効用

抹茶の緑は心理的に休息を与え、疲れた人びとには何よりも有効である。人類はどんな色よりもまず緑を必要とする。

①緑は感情を沈静させ、不安を解消させる。

②緑は体をくつろがせ、平静を回復させる。
③緑はエネルギー、若さ、成長、繁殖力、希望、新生活のシグナルとなってはたらきかける。

次に、抹茶の緑が生理的に筋肉や組織細胞をつくるだけでなく、茶碗の抹茶を見つめると緑のシグナルが頭痛を治すといわれている。

①緑は交感神経系に作用し、血管の緊張をとき、血圧を下げる。
②緑は毛細血管を膨張させ、暖かく感じさせる。
③緑は感情的安定剤となり、下垂体《かすいたい》興奮剤である。
④緑は鎮静剤として神経系にはたらき、不眠症、過敏症、疲労をいやす。
⑤緑はビタミンB_1の色彩と思われ、筋肉や組織細胞をつくり、強壮剤、殺菌剤となる。

茶室を照射する障子からの太陽光線（白光）は、電磁波としてとらえることができる。いいかえれば、細かい振動を繰り返しているエネルギーということになる。赤茶碗はエネルギーを反射して一層赤く見え、抹茶の緑は彩度を高め、濃く見える。黒茶碗はエネルギーを吸収して黒く輝き、抹茶の緑は彩度を高め、淡く見える。

「侘び」を演出する白熱電球

「茶室は意外に薄暗いんですネ」

現代人は茶室の暗さに驚く。

現代の生活環境があまりにも明るすぎるからだ。極端な明順応視（明るさになれた）の現代人には一千ルクスの明るさもあたりまえ、その原因はテレビと蛍光灯である。だが茶室の明るさは平均三百ルクスから四百ルクスだが、読み書きには不自由しない。茶室は薄暗く、太陽光線が障子を透過して、均斉度のある弱々しい明るさである。しかしその明るさが、巧みにつくりあげられた茶室の「侘び」の条件なのである。

谷崎潤一郎がいう「闇にまたゝく蠟燭《ろうそく》の灯と漆の器とが合奏する無言の音楽」に匹敵する光源は白熱電球であり、白熱電球は陰翳をつくり懐石を立体的に見せる。蛍光灯は陰翳をつくらず、懐石を平面的に見せ、その味わいを半減させてしまう。

「捨て色」の美学

利休の色彩観は現代に継承されている。

数寄屋風の様式は茶室から和室に及び、日本人は色を見るための色を使う。色の数を少なく、明度や彩度も低めに抑え、茶器の渋さと帛紗《ふくさ》、茶室と和服の対比を生む。そのため茶室の色は「色を見るための色」すなわち「捨て色」になっている。

たとえば、和室の視空間全体を一〇〇パーセントとすれば、捨て色に相当する面積は、聚楽壁、ヒノキの柱、スギの天井、畳表などベージュ色。次に、捨て色を美しくひき立てる障子紙や襖紙の白。最後に彩度が最高の純色がひきしめる。それは視点によって、掛物、釜、帛紗、花、花入、茶碗と濃茶の色、時に和服姿の主人と客であったりする。

このように、和室は日本人の色彩観の究極ともいえる。つまり、和室における捨て色（ベージュ色）七〇パーセントがベーシック・カラー、白二五パーセントがサブ・カラー、純色五パーセントがアクセント・カラーといった面積配分こそ、〝捨て色の美学〟の決め手となっている。

たとえば、女性が白いブラウスにベージュ色のベストを着たとき、そのベージュ色がなまめかしくさえ見えるのも、じつは、ブラウスの白さが〝仕掛人〟となっている。

茶室と生成り色

村田珠光が開創し、武野紹鷗《じょうおう》（一五〇二〜一五五五、利休の師）が開拓し、千利休が侘び茶を大成した。紹鷗は「正直に慎み深く、おごらぬさまを侘びという」と伝えている。利休は『南方録』の「覚書《おぼえがき》」で「小座敷の茶の湯は、第一、仏法を以て修行得道《とくどう》する事也」と侘び茶を明らかにしている。この小座敷は草庵で、侘びの極致を表わす四畳半以下の茶室で、それは自然のままの素材でつくられ、何の作為をも加えていない生成《きな》り色である。色を見るための色、つまり「捨て色」になっていて、侘び茶の厳正な作法が進行し、清浄無垢な宗教的感動に至るのである。おそらく草庵の茶人のサーモグラフィは緑色で平静そのもの。脳波はアルファ波が記録されるものと容易に類推される。

侘び過ぎは爽やかでない

千利休がいう侘びの色は前述の生成り色、ベージュ色、わさび色、鼠色にこだわらず、もっと自由闊達《かったつ》で豊かな色彩観を持っていた。『南方録』に「道具ノ似合タルガヨキト、休、常ニノ玉ヘリ、休ハ大男ナルユヘ、イカニモシヲラシク小形ナル物ガ似合タリ、大坊主ニ大道具ハ、フツヽカニテ数奇ノ心ニアラズ、老人ナドハ、ウルハシクウツクシキ道具ヨシ、ワビ過テハサワヤカニナキモノ也、紹無ハコトニ老極ノサビ者ナルニ、ウツクシキ丸屋丸壺、朱ノ花ガタノ盆ノ、ハナ〱トシタルニノセテ立ラレシ、ヨキ似合ナリト休感ゼラル、此丸壺ハ休ヨリ申ウケラレシ也…（以下略）」と記されている。

戸田勝久訳によると、「道具というものは、その人その人に似合ったのがよい、と利休はいつも言っておいでになりました。先生は大きな体格でしたから、いかにもしおらしく小さい物が似合ったのです。大柄の主人に大きな道具は配慮が不足で、数奇の心にかないません。特に老人などは美麗な道具がよいのです。侘び過ぎますと爽やかさが出ないのです」と記されている。さらには「伊丹屋紹無という方は年齢も高く人柄も寂《さび》を好まれましたが、ことに綺麗な丸屋丸壺を朱塗りの花形盆、目の覚めるようなものに据えて、茶事をなさいました。それがまた紹無老に良く似合っていた、と利休が感じ入っておられました。その丸壺は利休が紹無に譲られたものです。その時新しい仕覆《しふく》を添えてお遣わしになりました。それは丹地（赤色の布地）の華やかな緞子《どんす》でした」（『南方録』「滅後」）と記している。

遥《はる》かな時代の、千利休の精神が今に蘇《よみがえ》り、利休の温かい思いやりと、慰めにみちた心は、侘びの色とともに私たちの魂に語りかけて、なお尽きることがないのである。

3 色が支配する企業戦略

個性を主張するカラー戦略

シンボルはコミュニケーションの生命である。思考と概念を再生させてくれる。そして、思考などはこわれやすいのに、シンボルはこわれにくい。

色がシンボルとして最も役立つ点は、送り手から受け手へ感情を伝えることにある。ただ、すべての色彩がというわけではなく、赤、橙、黄、緑、青、紫とこれらを若干修正した色以外には強い迫力はない。中間色はシンボルとして訴求力に乏しい。というのは、人は非常に気むずかしいときだけ、中間色を意識するからである。

それゆえ、シンボルの色は単色調和（赤とか青など色相一色と、無彩色の白、灰、黒、光沢色の金、銀との調和）か、二色調和にとどめること。赤いシンボルマーク、黄色のパッケージ、青い缶などは、記憶するにも、言葉で表現するにも容易である。

現在、本格的なＣＩ（corporate identity）の時代に入り、あらたに色彩が見直されている。ＣＩ＝コーポレート・アイデンティティとは、企業が社会の人びとに「自社の存在」を証明することをいう。

色は形よりもずっと容易に記憶されるから、CIを確立するために積極的に色彩が活用される。しかし、脳は気むずかしいディテールに悩まされることを欲しない。しかも、脳は全体として色彩の世界を把握する。わずかに三秒間、広告を見せただけで、色彩によってネーミングを思い出すことができた被験者が、六二パーセントもいたという実験もある。今日の消費者にとって色彩のインパクトはきわめて有効である。

流行色に無関心でいられない企業

流行はつねに横行している。ある言葉が流行する。あるモードが流行する。歩き方、手つき、ポーズ、笑い方に至るゼスチャーさえ流行する。

外見的なものばかりではない。ある考え方や思想が流行する。それを表現する文体が流行する。学問・芸術のある分野が流行する。暮らし方のスタイルや生き方まで流行する。とどのつまり、一定の死に方までが流行したりする。

流行は、やってくるときは、蒙古の大軍の侵略のように、突風のごとく現われて津々浦々まで席巻《せっけん》してしまう。そして消えるときは泡沫のようにはかない。そして短時日の間に、忘却の淵へ押し流されてしまう。

しかし、流行の全盛期には、おびただしく多数の人間が同じ風潮のなかで行動する。したがって、この流行に合わせた商品は、巨大な販売実績をあげることは、間違いない。企業としては流行の動向に必死に目を光らさねばならない。逆に流行にまったく関心を払わないでいられる企業は、厳密には、ひとつも存在しえないといってもいい。

そして、色彩も、この流行にきわめて影響されやすくできている。色彩は、形態に比べても、一段と印象性に優れているし、消費者への訴求力も強い。学者によっては、「流行の変遷は、つねに色彩の変遷をともなう」と、断言している者もいるくらいである。

だから、色彩についての流行の動向を見るためにも、色彩を離れて、流行そのものを理解する必要がある。

そもそも、流行とはいったい何か？　事典をひっくり返してみると、次のように書いてある。

「流行とは、趣味嗜好、思考判断、行為動作などの、人間の社会的行動様式について、ある社会集団内で、比較的短期間、一定の人びとが採用した類似的集団行動をいう」

表現はものものしく、四角ばっているが、あたりまえのことをいいかえているにすぎない。あんまり役に立ってくれない説明である。

流行現象を起こすのは人間である以上、その原因を究明するには、人間の心理をのぞきこまねばならない。元来、人間は、つねになんらかの社会集団に属している。そして絶えず、集団との関係を意識し続けており、それが流行現象を招来するもととなっているのだが、それには、こまかに分ければ、次に述べるようなふたつの面がある。

プレスティージ・アイデンティフィケーション（威光同一視）

社会のなかで、優勢な存在、権威的なもの、優越的な勢力のあるものに、自分を似せ、それによって、その優越グループに自分も参加し、一体化し、あるいは、そうしているかのごとく見せかけたい心理である。これによって、自分も、その属する集団のなかで優越的地位に立ったと思い、安定した気分でいられるのだ。これを威光同一視という。

たとえば、ステイタス（社会的地位）の高いファッション・ショウを求める階層である。あるいは、あるスターが、あるモードを着はじめたとき、そのモードと同じものを着ることにより、自分も、そのスターに近い地位になった気分で満足する。百貨店では〝プレスティージ商品〟がややこれに相当する。この心理が、流行現象のひきがねとなるのだ。

エゴ・インバルブメント（自我関与）

個人の自尊心や本人らしさはすべて自我の要素である。自我に関心を払い、重点をおく心理を自我関与という。その一定の行動なりモードなりをまねる自我関与の社会成員の数が、ある人数以上になると、流行は爆発的に進行する。今度は、その行動なりモードなりに、〝右へならえ〟をしなければ、自分の所属する集団から疎外されはせぬかと不安感にかられるのだ。

いわゆる〝バスに乗りおくれるな！〟である。この疎外恐怖感をひき起こす核となる人数は一定しない。それは、その社会における優勢な地位に近いか遠いかで決まる。銀座を歩く数百人の人間が、十分、流行の核となり得るし、地方の都市で数万人がある行動様式をとっても、全国的流行の核となり得ない場合がある。

流行は、多かれ少なかれ、この二段階を経て進行する。一段階目と、二段階目の区別がほとんどなくて、一気に全国的に広がる場合もある。そういうときは、流行というより、ブームといったほうがふさわしい。

この流行が、それ自身、人間に新しい有用性、便利さをつけ加えたとき、新しい慣習として定着する場合がある。しかし、多くの場合、十分にその社会集団にいきわたると、第一段階の威光同一視の目的と合致しなくなる。それはもう、〝あたりまえ〟の行動様式となり、優越的地位を〝誇示〟する〝威光〟でなくなってしまうからだ。

第二段階の自我関与は、百貨店で扱う〝ベターゾーンの品揃え〟が相当する。

流行色のライフ・サイクルは十年

ファッションの動向は、一般に文化や社会的規範に関連し、さらに、社会学的・心理学的ファクターに根ざす。人びとは、もともと自分の社会集団内のオピニオン・リーダーの確立したパターンに従う。

半面、人びとは少しでも他人と違っていたい、違って見えたいと思い、慣習には逆らわないが、ちょっと常軌を逸したがる。結局、ファッションは慣習脱却の形をとった慣習なのだ。ファッション成長の社会心理的ファクターは、まさに倦怠《けんたい》である。

それでは、なぜ、その時どきによって流行色といった色彩傾向が生じるのか？　この答えは人びとの欲望が移り変わることにある。色彩の好みは、個人個人異なるが、全体から見ると、好き嫌いは同じ方向をたどる。

たとえば、赤を好む女性は紫がかったローズレッドより、むしろ黄色がかったオレンジレッドを買う。しかし、これがオレンジイエローになると買わない。また、緑色が人気の的であれば、黄色味がかった緑色より、むしろ青味を帯びた緑の暗色（わさび色とかアボカドグリーン）のほうに需要がある。これは色彩傾向が青に向かっているからだ。

色彩傾向はゆるやかに推移する。そのライフ・サイクルはだいたい十年。その時代の流行色は五年でピークに達し、あとの五年でしだいに下降し、それから上昇に反転する。

流行色をつくる

ところで、色彩の流行は、人びとのその時点での気分を知り、大衆の深層心理を分析すれば、ある程度の予測をつけることも可能ということになる。事実、モードやスタイルは、文字どおり千姿万態であるため、おおまかな傾向予測しかできないが、色彩の流行予測となると、かなり的確に成功した前例が少なくない。

古い例になるが、一九四九年、アメリカのファッション関係者が、翌年の流行色が黄色であることを、ピタリと的中させたことなど、その適例である。

さらには、マスコミの発達は、大衆心理の操作を可能にさせた。現代のアドバタイズメントが、単に商品の内容を知らせるだけでなく、進んで消費者に購買意欲を起こさせることを目的とするものであることは常識である。それを、さらに集中的に行なうことにより、流行を人為的につくることも可能になったのである。

■女性衣服の色彩面積の効果

日本人の色彩観	色を……	みるための	……色
衣服の色彩面積の配分率	アクセント・カラー 5%	サブ・カラー 25%	ベーシック・カラー 70%
衣服の色相	純色 補色 無彩色（とくに白）	（ベーシック・カラーとの対比で）同系色・類似色・無彩色	派手な色 地味な色
呉服の構成	帯揚げ、帯締め、半衿、髪飾り、バッグ、ぞうり、足袋、蹴出し	帯、羽織、ショール	着　物
洋服の構成	帽子、スカーフ、ネクタイ、髪飾り、イヤリング、ペンダント、ブレスレット、指輪、ストッキング、靴	ブラウス、ベスト	トップとボトムを同色にする

カラー・キャンペーン

カラー・マスコミの発達普及により、カラー・トーンの流行もまた、人為的に生み出すことが可能になった。きたるべきシーズンに流行させようとする色を決定し、あらゆるマスコミ媒体を計画的、組織的、かつ大量に動員してPRする。まだ流行していない色で、流行は決定的であるかのように、あるいは、すでに流行しているかのように、消費者に暗示をかける。これを、カラー・キャンペーンという。

もちろん、単に大量のPRをすれば必ず成功するというものではない。そこには、消費者の心理、さらには社会の深層心理の緻密な分析がいる。そして大衆の気分が、そのまま反映されるか、あるいは、その欲求不満の性格から、気分と反対の色彩が歓迎されるか、という点に対する洞察がいる。

流行色もまた、こうした分析力と洞察力を持ったプランナーが、暮夜、ひそかに練った企画によって左右される時代にきているのである。

キー・カラーの発見

色彩傾向はどこから始まるのか？　実際にこれをきめつけることはむずかしい。幾多のファクターが消費者に影響を及ぼすからである。しかし、ほとんどの色彩傾向は女性ファッションに始まるということができる。

新聞、雑誌、テレビのファッション提言に、女性はこぞって注目する。とくにカラー印刷の婦人誌の推奨カラーは訴求力がある。市場リーダーとなっている商品は、未来のカラー需要の有力な手引きとなる。消費者心理の揺れ動く方向に価値ある情報を含んでいるからだ。

これまでも、ファッション・カラーの中心の色を年々提唱しているが、オートクチュール（高級衣装店ないしニュー・モードをいう）では、毎年、数多くの新色を発表する。しかし大部分は落伍して、せいぜい一色か二色が広く大衆にアピールし、やがてマスマーケットや一般消費者に浸透してゆく。

色彩傾向予測の技術は、全力をあげて、これらのキー・カラー（需要のきっかけとなる色）の発見に努める。この点に敏感なファッション・インダストリーは、ファッションの傾向、海外・国内の流行色情報、素材傾向、市場の情報を基礎に、思いきって基調色を決定する。

恒常的流行色がある

歴史はくり返すというが、流行色もまた周期性を持つことが指摘されている。濃く鈍い色彩系と、明るく冴えた色彩系といった二系統の流行色が、ほぼ十年を周期として、ゆっくり回転している。

この周期を流行周期という。なぜ、ある色だけが人気を集めているのか？　その理由を明らかにすることはむずかしいが、だいたい、それは変化を求める消費者の欲望の反映なのである。変化、周期、流行といった一連の基底には、社会心理的ファクター、すなわち、倦怠というひきがねがある。しかし、これらの流行現象や企業のキャンペーンといった複雑な様相とは別に、恒常的流行色を指摘することができる。

青と赤はつねに人気の的で、その二色に白が組み合わさると、トリコロール（フランス語で三色の意）として、爆発的な人気を呼ぶ。続いて、ピンクはいつも流行し続け、人気の衰えを見せない。

また、恒常的流行色の主役は、黒と白の組み合わせであり、女性衣服で最高の人気を集め、今日まで王座を維持しつづけている。

これらは、流行色としては異例のベストセラー、ロングセラーである。これこそ女性アパレル市場の爆発的流行であり、いっこうに衰えを見せない。その第一位は白と黒、第二位がピンク、第三位は青、赤、白のトリコロールである。過去をふり返ってみれば、ピンク、青、赤の人気は微動だにしないことが分かる。

明日の新色は？　カラーは流行市場の果てしなきテーマとして、点滅し続けてとどまらない。

モノトーンからパステルカラーの時代へ

一九八九年の秋冬のプロモーション・カラーは「午後のコーヒー色」をキーワードとした「ブラウン」で、ブラウン系統のアパレルがショーウィンドーをにぎわし、一九九〇年の春夏の婦人服の流行色は「ハーブグリーン」で、婦人服からインテリアにわたって、淡く控えめのパステルカラーを流行色として予測した。

衣服を主軸とした日本の色彩傾向は、たしかに、モノトーンからパステルカラーへ移行しつつあった。

そのパステルカラーはけっして「きれいなパステルカラー」ではない。一色一色をじっと見ると落ち着いた色、こなれた色である。たとえば、ピンクなら明るいベービーピンクではなく、やや明度の低いコーラルピンクに人気が集中。それは灰色味がかった、あるいは紫色が少々加わったピンクである。

パステルカラー全体の傾向として、一色一色が明度をやや低めに抑え、それらの色の組み合わせは、遠目にはパステルに見えても、どちらかというと、ダークな感じがまざっている。かつての流行色――ショッキングピンクやベービーピンクは、落ち着いた「温もり」のあるピンクに変貌しつつある。

「温もり」のあるピンクをはじめとする一連のパステルカラー流行の徴候の背景、すなわち素地として、恒常的流行色の黒と白がある。

ところが、黒と白のアンチテーゼに赤、黄、青などの純色は台頭しない。黒と白の持つ冷厳で神秘的な印象から、人びとのおもむく先に「温もり」があり、落ち着いたパステルカラーがある。赤、黄、青などの純色は身体にはたらきかけるが、パステルカラーは精神にはたらきかける。まさしく人びとの心に「温もり」を与えてくれる中間色である。パステルカラーが流行し始めたのは、やはり日本人が色に「温もり」を求めているゆえんである。

流行色のベースは何?

黒がチャコールブラック(charcoal black ; matte black ともいい、真っ黒ではなく、消炭のように艶のないにぶい黒をいう)に変化し、バブル期にあった一九八九年のブラウン系はベージュ色ないしアイボリー(象牙色)に変わっていった。黄色はマスタードイエロー(mustard yellow ; にぶい黄色でからし色という)に、緑色はハーブグリーンへ、ピンクはコーラルピンクに確実に変貌した。パステルカラーでも寒色系は後退し、暖色系が優位を占め、景気上昇を裏づけている。

歴史はくり返すというが、流行色もまた周期性を持つ。好景気に暖色系がはやり、不況期に寒色系が流行する。殺伐《さつばつ》としたきびしい世情に生きる人びとは、自らを守る手段として黒と白を着たが、人びとが知能的、情緒的、精神的に、より高まるにつれてパステルカラーを着て「温もり」を求めるのである。

流行色の一連の基底には、社会心理的ファクターすなわち〝倦怠〟が「ひきがね」としてある。しかし倦怠だけでは説明できない。人びとが「温もり」を求め始めたことは、より高尚な世界への脱皮であり、精神的に満足させる色彩こそ、パステルカラーをおいてほかにないのである。

黒の時代の終焉

日本の産業界では、業種業態に関係なく共通のキーワード、つまり「環境」を各社こぞってあげている。「環境」といっても、いまひとつ具体性に欠けるから、これをエコロジーとか、エコシステムといったキーワードで流行色と結びつけ、ストーリーを組みたてる。

アパレル企業は確実にパステルカラーの時代に入りつつあるという。紳士服でさえパステル調のベージュやグリーン系に向かっているという。

日本の住宅を見ると、やはりパステルカラーである。「環境」がにわかにクローズアップされてきたので、住宅産業では企業のCIから商品の住宅にわたって、この「環境」をなんとか色で表現できないだろうか！　と各社とも苦慮している。

昨日までのお客は「要望」だけを満足させてくれればよいというタイプ。たとえば、浴室、トイレ、水回りなど機能が満足すれば買ったのである。

今日《こんにち》のお客は「気持ち」を満足させてほしいというタイプ。まるっきりお客が変わってしまった。その「気持ち」は「感じ」であり、きわめて曖昧《あいまい》で、形のないものに敏感なのである。たとえば、色ならあっさりしたほうがよい。形なら風が抜ければよい。光なら当たったほうがよい。あやふやでとらえどころがない。

その「あやふやでとらえどころがない」客の気持ちはやはり「温もり」を求めているのである。

住宅のカラートレンドはいよいよパステルカラーへ進んでいる。その代表的流行色はアイボリー。しかも白と組み合わせて流行し始めている。ヒノキの光沢が放つパステルカラーはアイボリーである。カーペットを捨てて、木質のフローリングに変わってきた。

むしろ、じゅうたんは置敷きで楽しむ時代になってしまった。

白木の木肌の絹糸光沢は住む人に「温もり」を与え、部屋を広く明るく見せ、心身ともに一番リラックスさせストレスを解消する。

家電メーカーや家具メーカーも、遠からずパステルカラーの時代に入っていくことだろう。たとえば、「テレビというと黒」がなかば常識になっていた。ところが、黒では部屋の雰囲気にマッチしない。黒ばかりで味気ない。黒はインテリア性に欠けるといった消費者からの不満がひきもきらず、ついに、たまりかねた有名家電メーカーは純木を採用して、和室やフローリングに合うテレビの発売にふみ切ったのである。

パステルカラーの時代の到来とともに、日本人が、あらためて「温もり」を求め、木肌の色によってしみじみと心が満たされることは、物質文明から精神文化への転換を立証するものである。

パステルカラーは新しい需要の切り口であり、絹とヒノキの光沢が放った日本の歴史的所産といっても過言ではない。絹とヒノキの「温もり」はいつの世にも平和と共存してきたのである。

V

色彩は生命の源泉である——むすびに代えて

生命あるものは振動で形成されている

古代の賢者も現在の科学者も、存在するものは必ず振動している、という点で見解は一致している。

振動は力ないしエネルギー活動の結果である。物理学者によれば、原子は極小の真空でひとつの渦となって回転しているという。

また、ある物体と他の物体との差異は、根本的に振動率の問題である。それは原子の中の電子の数や配列の差であり、原子のさまざまな結合力の差である。それらが振動差をつくりだすのである。

光と音も波であり、振動にほかならない。

音は低い振動で、それより高くなると電気や熱になる。音や熱は特定の固体を貫通するほど微細である。私たちは音による波に精通し、無線の電気的インパルスもよく知っている。

音の何オクターブかの上に光と色彩の振動がある。色彩の領域は、最も低い赤（一秒間に四百五十八兆の振動）から紫（一秒間に七百八十九兆の振動）に及んでいる。

私たちは虹やスペクトルでこの色彩の順列を見ているが、紫の上には、もはや目に見えない紫外線やX線がある。これらはたいていの固体を貫くほど微細で急速な振動をしている。

これまでに「物」と「心」をふたつに分けた物心二元論、デカルトの考え方が広く知られている。しかし、このふたつは分かれるものでなく、心もまた振動であるということが分かったのである。

私たち人間の心を司る前頭葉《ぜんとうよう》（知能）の振動は十の三十乗以上。さらにその上の視床《ししょう》下部《かぶ》（松果体《しょうかたい》や下垂体《かすいたい》）を中心としたスピリット（精神）は十の四十乗か五十乗という計り知れないもの凄い振動をくり返している。

物も心も〝すべては振動である〟という物心一元論が成立するのである。

人間の差はそれぞれが独自に持っているスピリットの振動の差である、ということができる。

私たち人間の意識や無意識は、X線が透過できないほど濃密な固体も貫通することができる。すぐれた催眠術師は続き部屋にいる被験者を、深い昏睡状態に導くこともできるといわれている。思考も一連の波長を持つ振動である。

テレパシーも色と同じ振動である

明らかに人間の意識の振動は介在するすべての固体を通過して、テレパシー（精神感

(注) ＊短波は波長 50 m以下、中波は波長 200 m〜3,000 m、長波は波長 3,000 m以上

＊＊周波数（frequency）とは振動電流または電波の音波が 1 秒間に方向を変化する度数をいう。振動数が数100万以上 10^6 を高周波といい、数 10 万以下 10^5 を低周波という。

(資料) 東洋大学経営研究所『経営研究所論集』第 13 号 1990 年 3 月
野村順一：「光と色彩に関する効用発見の研究」（その 3）
―色彩振動ならびにメッセージ伝達体としての色彩観念―

■振動に対する人間の反応

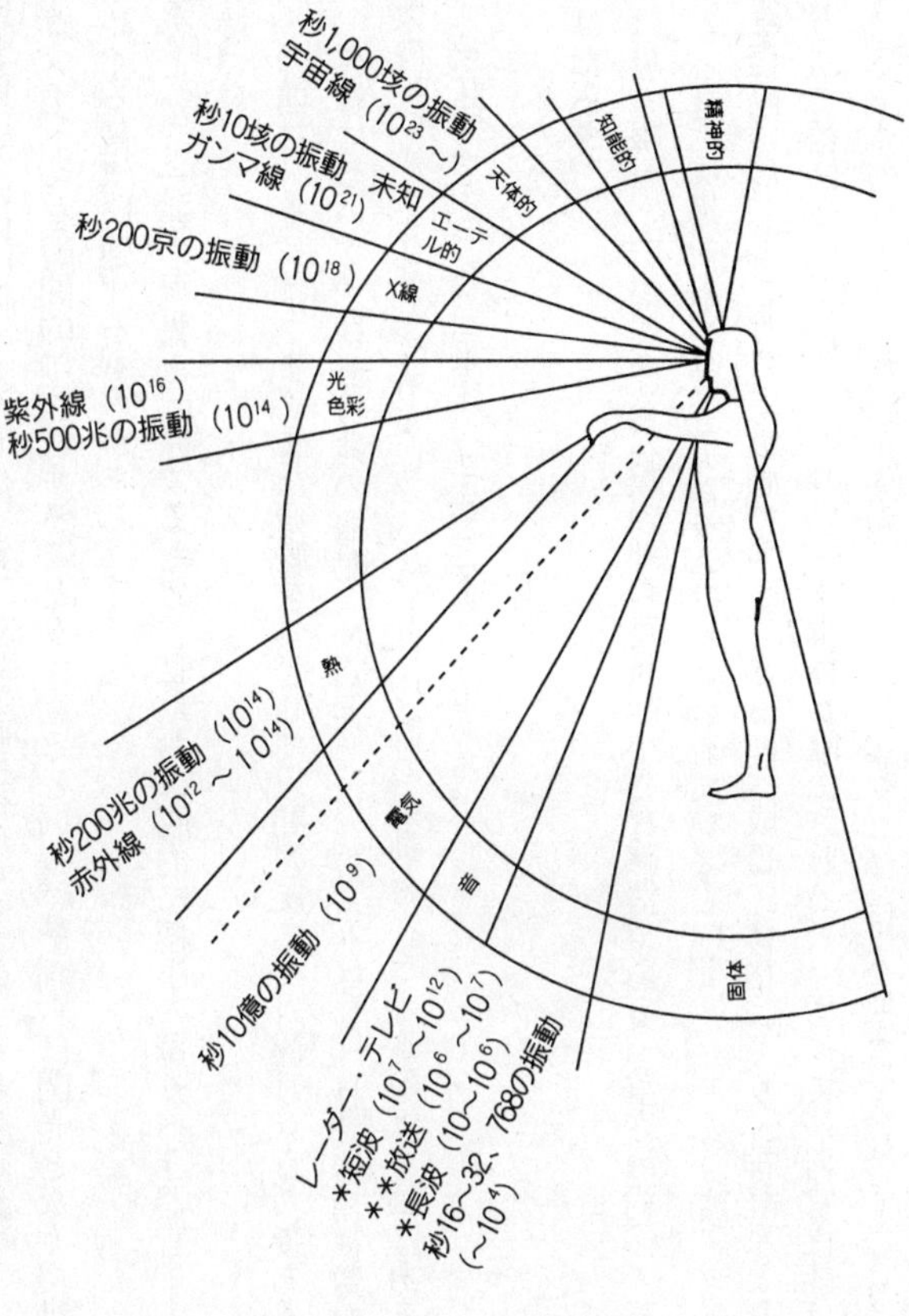

秒1,000垓の振動
宇宙線（10^{23}〜）
秒10垓の振動
ガンマ線（10^{21}）
未知
天体的
知能的
精神的
エーテル的
秒200京の振動（10^{18}）
X線
紫外線（10^{16}）
秒500兆の振動（10^{14}）
光
色彩
熱
秒200兆の振動（10^{14}）
赤外線（10^{12}〜10^{14}）
電気
秒10億の振動（10^{9}）
音
レーダー・テレビ
＊短波（10^{7}〜10^{12}）
＊＊放送（10^{6}〜10^{7}）
＊長波（10〜10^{6}）
秒16〜32、768の振動
（〜10^{4}）
固体

応または思念伝達といい、他の人の心が感覚によらず直接伝達すると考えられる現象）として数百キロメートルを瞬間的に旅行することができるという。それらは閃光となって世界を駆けめぐる電気に通ずるものがある。

光と色彩という一連の振動を記録するため、私たちは脳内に極小の驚くべき器官――視神経を持つ。

二四二〜二四三ページはさまざまな振動をまとめて人間の反応に対置したものである。たとえば、色彩について、秒五百兆の振動（5×10^{14}）は、五百兆Hz（一秒間の周波数ないし振動数の単位）とみなしてもよい。こうした極微の振動をとらえるのは、脳にある下垂体（pituitary body）と松果体（pineal body）である。

下垂体のはたらき

下垂体は鼻の根もとの奥にある二重のそら豆状の小さな臓器である。重さは約〇・五八八グラム（女子は重く、〇・六五五グラム）といわれている。

下垂体は振動に対してきわめて敏感である。さらに、成長、体格づくり、神経系となんらかの方法で結びついている。かりに、下垂体が除去されると、すべての器官機能は停止する。下垂体のアルファ細胞が増殖ないし肥大すると、巨大症（巨人症）となり、

■視床下部の区分（下垂体と松果体）

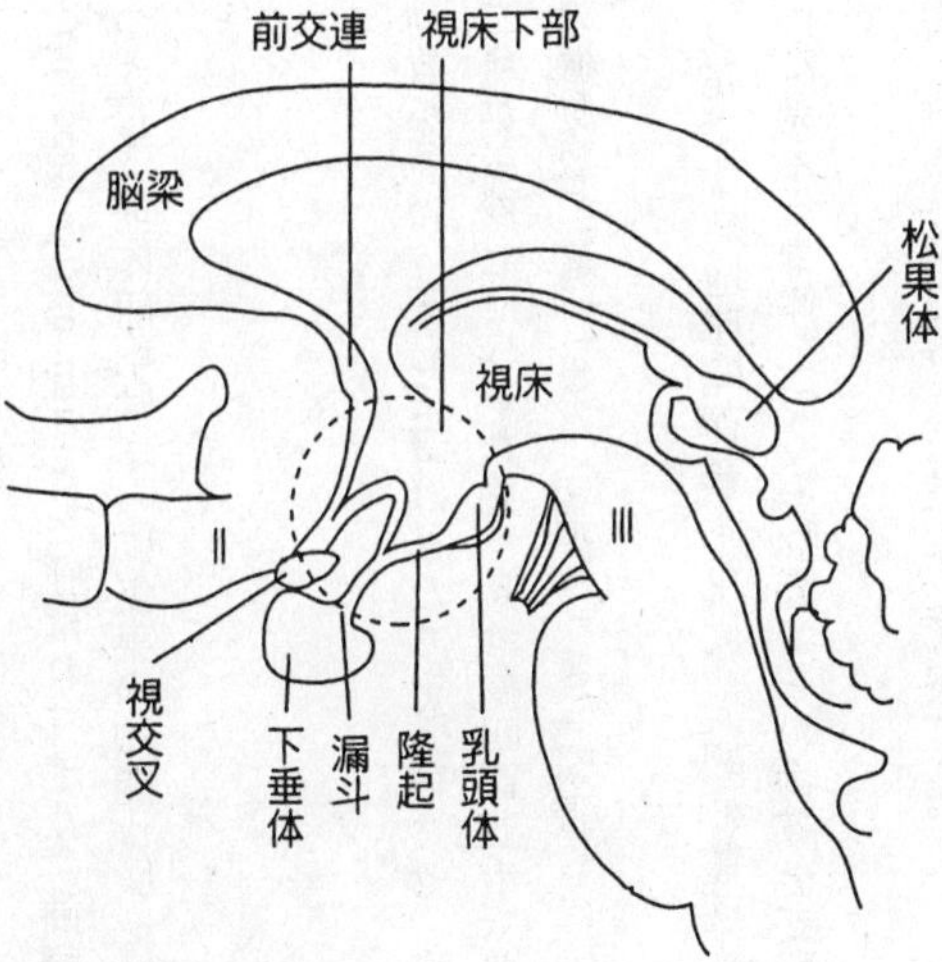

(資料)真島英信:『生理学』文光堂、1974 年

逆にアルファ細胞が減少すれば、矮小発育症となる。したがって、アルファ細胞が成長ホルモンの分泌に関係していることは明らかである。

下垂体は「心の座」(the seat of the mind)と呼ばれてきた。前頭葉は詩歌や音楽を生む情緒的思考と結びつき、下垂体前葉はさらに現実の知能コンセプトと結びついている。

松果体のはたらき

青は赤よりずっと振動数が多い。そして青は私たちを弛緩させ、赤は緊張させる。青や紫は秒六百二十二兆から秒七百八十九兆、赤は秒四百五十八兆から秒四百七十一兆の振動数である。この振動数の違いこそ、「弛緩」と「緊張」に分ける要因となっているのではないか。

私たちはまさに人間の姿でこの地球に存在するが、人間の霊魂も一緒といいきれるか？　それはこの世で目に見える身体をつくる物質、その物質を支配するエネルギーにほかならない。

この見地から最も重要な内分泌腺である松果体を考察する。

松果体は目に見えないエネルギーを目に見えるエネルギーに変換する分泌腺である。

いうまでもなく私たちが見ることのできる光の範囲はわずかである。その外側には人間の目では見ることのできない広大な世界が広がっている。

松果体は、頭部の真ん中の下垂体のちょうど上の背後にある小さな円錐形の小臓器である。第三脳室の屋根の部分から突出した小体で、生後七年ぐらいまで発育し、その後退行する。

松果体それ自体には神経細胞は少なく、神経膠《こう》細胞と分泌細胞が多いので、一種の内分泌腺と考えられている。

松果体は目で発見される色素と類似したものを含んでいる。そして視床（第三脳室の外側壁をなす間脳の主要部で、感覚衝動が皮質へ達するときの中継部位）と二本の神経索で連結している。

松果体は光が生体に及ぼす作用をコントロールするといわれている。このような理由から科学者は「松果体が第三の身体的な目の残遺物である」という。

ルネ・デカルト（René Descartes；一五九六〜一六五〇、フランスの哲学者・数学者）によれば、精神と身体が出合うところ、すなわち、「直観の座」（the seat of intuition）が人類の特質となる、と断言している。

なお、デカルトは松果体に「合理的精神の座」があると力説した。すなわち、目が現実の世界の事象を受けてこれを松果体に伝えると、松果体はこれに対する運動反応を体液を介して筋肉に伝えるものとみなしている。

その後、松果体腫瘍の症例を研究することによって、①性器の早期発育（sexual precocity）、②肥満症（adipositas）、③痴呆などをきたすことから、松果体と性腺との間になんらかの関係があることが推定されるようになった。②および③は必ずしも松果体のみの欠損症状ではないといわれている。

人間は一条の光である。人間は色の法則と作用を身につけて、目に見える世界へと振動によって生命をつくり出す。東西文化の伝承によれば、すべての生きものはそれぞれ固有の振動範囲を持つ。この事実は広く認められている。

R・シュタイナー（Rudolf Steiner；一八六一〜一九二五、ドイツの哲学者）は、マゼンタ（赤紫色）の松果体は桃の花の色に似ているという。この絶妙で上品な色マゼンタは人間に化学作用を及ぼし、地球上の元素との相互作用を促すといわれている。インドの伝承では松果体をクラウン・チャクラ（crown chakra；腺）という。西欧の伝承では、松果体は「第三の目」（Third Eye；心眼）といわれ、元素を有機化する。

下垂体は人間の体の至るところにメッセージを伝える。これによって健康はコーディネートされ、鼓舞されるのである。松果体つまり「第三の目」は、私たちが物理的に見ることができない精神イメージ、そして何を知らされているかといった精神的イメージをつくる。それだけに、イメージづくりは健康維持に重要な役割を果たす。

　松果体が全く機能しなければ、不可視の世界から得られる「精神的な栄養」を得ることができなくなり、生命エネルギーはしだいに衰えてゆく。

　下垂体は、呼吸や心拍のリズムや性腺のリズムを美しくコーディネートする。

　また、甲状腺（thyroid gland）は人体中最も大きい内分泌腺で前頸部にあり、約十五〜二十五グラムの大きさがある。甲状腺は音の中枢として、人間の幸福に大切な役割を演ずる。心地よい音は体内の化学物質を賦活する力を持つ。特定の音や一連の音を規則的に活用すると、精神的・情操的・生理的に体が変化するといわれている。

　下垂体や松果体が十分に発達すると、すべての振動は融合して神秘的に「第三の目」に生命を吹き込む。明らかに、ひとつの完璧な計器が精神に備えられ、いろいろなタイプの振動が翻訳され、通訳されるのである。

　真島英信によれば「松果体が中枢神経系にたいする生体時計（biological clock）の役割を果たすこと、その時計の周期を支配するものは外界の光である」と指摘している。すなわち、松果体は上頸部交感神経節からのニューロン（neuron：神経細胞体とその突起である神経線維とを一緒にしてニューロンまたは神経元という）を受けているが、これらのニューロンは血管壁ではなく分泌細胞に達していて、副腎髄質と同じように神経インパルスがホルモン分泌を調整していると考えられる。

光刺激は網膜からの求心路および交感神経を経て、松果体の酸素合成に影響を与えていることになる。昼と夜との繰り返しは光の増減をともなうので、それによってメラトニン分泌に日周期リズムが生じ、性ホルモン分泌を変動させていることになる。

種《しゅ》（species；生物分類の基本単位）としてのヒトの発達の萌芽期、当初、人間の唯一の器官は感じることだけで、それは熱い、冷たいといった程度の差のみを知るものであったといわれている。

やがて、第二の器官〝目〟ができ、第一の感覚である触覚は皮膚を通して神経系全体に広がっていった。地球が固まるにつれて人間は二つの生理的な目を発達させて、固体の世界を見るために使うようになったのである。

ところが人間は「見る」ことに慣れるにしたがって、「見えないもの」に対する感覚を鈍らせてしまった。

これまで述べたように、私たちが見ている世界はごく狭い。見えない広大な光の世界は、いま開かれたばかりなのだ。

同様に、人間の五感それぞれもさらなる進化の末、身体の全体にわたって拡散してしまうだろう。

光と色彩に関する効用発見をすすめる鍵は、むしろ、私たち人間の感性にひそんでいるといえる。加えて、『色の秘密』に関する幾多の謎を解明するキーワードこそ、まさに振動（vibration）ともいい切れるのである。

●参考文献

Faber Birren ; "New Horizons in Color", 1955.
Faber Birren ; "Selling Color to People", 1956.
Faber Birren ; "Creative Color", 1961.
Faber Birren ; "Color Psychology and Color Therapy", 1961.
Faber Birren ; "Color in Your World", 1962.
Faber Birren ; "Color for Interiors, Historical and Modern", 1963.
Faber Birren ; "Light, Color and Environment", 1969.
Deane B. Judd, Günter Wyszecki ; "Color in Business, Science and Industry", 1963.
Louis Cheskin ; "Color for Profit", 1951.
Robert W. Burnham, Randall M. Hanes, C. James Bartleson ; "Color: a guide to basic facts and concepts", 1963.
J. H. Bustanoby ; "Principles of Color and Color Mixing", 1947.
Robert F. Wilson ; "Colour in Industry Today", 1960.
Helen Varley ; "Colour", 1980.
野村順一 ;『商品色彩論』千倉書房，昭和41年
野村順一 ;『販売カラー戦略』学習研究社，昭和44年
野村順一 ;『マーケティング論』改訂増補　千倉書房，平成6年
野村順一 ;『カラー・マーケティング論』千倉書房，昭和58年
野村順一 ;『色彩効用論（ガイアの色）』住宅新報社，昭和63年
野村順一 ;「居住空間における色彩の旋律と和音」"ANEMOS" 第4号，平成3年10月号
野村順一 ;「茶碗，色の秘密」淡交別冊『茶碗』淡交社，平成3年
野村順一 ;「侘びの色彩を科学する」『淡交』淡交社，平成5年8月号
野村順一 ;『あじわい』全国銘産菓子工業協同組合，98号，99号，100号，101号，平成4年～5年
野村順一 ;『366日誕生色事典』ブックマン社，平成9年
岩崎喜久雄 ;『新しい色彩教育』日本色彩社，昭和31年
「美術手帖」美術出版社，昭和43年5月
塚田敢 ;『色彩の美学』紀伊國屋新書，昭和41年
豊口克平監修 ;『インテリアデザイン事典』理工学社，昭和47年
谷崎潤一郎 ;『陰翳礼讃』中公文庫，平成2年
田中千代 ;『服飾事典』同文書院，昭和44年
J・E・ラヴロック（スワミ・プレム・プラブッダ訳）;『地球生命圏（ガイアの科学）』工作舎，昭和60年
江幡潤 ;『色名の由来』東京書籍，昭和57年
小磯稔 ;『色彩の科学』美術出版社，昭和47年
宮下孝雄編 ;『デザインハンドブック』朝倉書店，昭和33年
真島英信 ;『生理学』文光堂，昭和49年
久松真一　校訂解題 ;『南方録』淡交社，昭和50年
鈴木宗康 ;『茶菓子十二ヶ月』淡交社，昭和54年
永田泰弘監修　小学館辞典編集部編集 ;『新版　色の手帖』小学館，平成14年

単行本『増補　色の秘密　最新色彩学入門』一九九四年七月　文春ネスコ刊
文庫化にあたり改題し、一部の図表にカラーチャートを加えました。

文春文庫 PLUS

色《いろ》の秘密《ひみつ》
最新色彩学《さいしんしきさいがく》入門《にゅうもん》

2005年 7 月10日　第 1 刷
2006年 4 月15日　第 8 刷

著　者——野村《のむら》順一《じゅんいち》
発行者——庄野音比古
発行所——株式会社文藝春秋
東京都千代田区紀尾井町 3-23　〒102-8008
電話　03-3265-1211
文藝春秋ホームページ　http://www.bunshun.co.jp
文春ウェブ文庫　http://www.bunshunplaza.com

印　刷——凸版印刷
製　本——加藤製本

落丁、乱丁本は、お手数ですが小社製作部宛お送り下さい。送料小社負担でお取替致します。
定価はカバーに表示してあります。

ISBN4-16-766090-3